U0672556

A STUDY ON THE IMPACT OF SHADOW BANKING
ON THE EFFECTIVENESS OF MONETARY POLICY IN CHINA

影子银行对我国货币政策
实施效果的影响研究

雷锐◎著

经济管理出版社
ECONOMY & MANAGEMENT PUBLISHING HOUSE

图书在版编目（CIP）数据

影子银行对我国货币政策实施效果的影响研究 ／ 雷锐著. -- 北京：经济管理出版社，2024. -- ISBN 978-7-5243-0136-3

Ⅰ. F822.0

中国国家版本馆 CIP 数据核字第 2024TE9834 号

组稿编辑：张馨予
责任编辑：张馨予
责任印制：许　艳
责任校对：王淑卿

出版发行：经济管理出版社
　　　　　（北京市海淀区北蜂窝 8 号中雅大厦 A 座 11 层　100038）
网　　址：www. E-mp. com. cn
电　　话：(010) 51915602
印　　刷：唐山玺诚印务有限公司
经　　销：新华书店
开　　本：720mm×1000mm/16
印　　张：10. 25
字　　数：161 千字
版　　次：2024 年 12 月第 1 版　　2024 年 12 月第 1 次印刷
书　　号：ISBN 978-7-5243-0136-3
定　　价：98. 00 元

·版权所有　翻印必究·

凡购本社图书，如有印装错误，由本社发行部负责调换。
联系地址：北京市海淀区北蜂窝 8 号中雅大厦 11 层
电话：(010) 68022974　　邮编：100038

前　言

自 2008 年全球金融危机爆发以来，我国影子银行规模快速扩张。2017 年以后，为防范化解金融风险，一系列从严监管政策开始实施，影子银行由规模快速扩张阶段进入规模收缩阶段，但存量规模仍十分庞大，所带来的影响不可忽视。我国经济已由高速增长阶段转变为高质量发展阶段，货币政策调控模式处于由数量型调控模式向价格型调控模式过渡阶段。在此背景下，研究影子银行对我国货币政策的影响机制，有助于对影子银行进行针对性监管与引导，排除其对货币政策实施的干扰，加快货币政策框架转型，提升货币政策在经济高质量发展阶段服务实体经济的效率。

首先，本书总结了影子银行产生的原因、运作机制，并介绍了我国影子银行的发展历程。其次，对我国货币政策操作框架的演变进行了总结。再次，实证研究了影子银行对我国货币政策目标、货币政策工具以及货币政策传导三个方面的影响机制。最后，根据本书的研究结论提出了相应的建议。本书的实证研究及结论如下：

第一，研究影子银行对货币政策目标的影响。从影子银行周期性角度研究了影子银行周期性运作特征及其对货币政策目标的影响，并讨论了近年来金融监管从严导致的影子银行规模收缩对实体经济的影响。利用 2008 年 1 月至 2019 年 6 月相关宏观经济变量数据构建 TVP-VAR 模型，时变脉冲响应结果如下：一是在研究的样本期内，影子银行运行的周期性发生了转变，先由顺周期性转变为逆周期性，再由逆周期性转变为顺周期性，且影子银行的周期性表现出时变特征。

二是在 2016 年上半年之前，影子银行对货币供应量（M2）总体上起到分流作用，而之后的金融监管从严阶段，影子银行则扩大了货币供应量。三是从货币政策最终目标来看，影子银行对居民消费价格指数（CPI）具有持续性推升效应；从总体上来看，影子银行在顺周期运行阶段能够促进经济增长，但在逆周期运行阶段抑制经济增长。四是近年来监管从严导致的影子银行规模快速收缩对经济增长没有产生明显的负向冲击，但一定程度上提升了通货膨胀率的波动性，不利于价格水平的平稳。

第二，研究影子银行对货币政策工具的影响。从数量型、价格型调控框架的角度研究影子银行对同一货币政策工具在两种货币调控框架下的影响机制，以及影子银行对价格型调控框架下不同货币政策工具的影响机制。利用 2008 年 1 月至 2018 年 12 月数据构建了数量型调控框架和价格型调控框架的结构向量自回归（SVAR）模型，实证研究了影子银行对公开市场操作逆回购工具在数量型调控框架和价格型调控框架下调控效力的影响，对比了价格型调控框架下再贴现政策工具和中期借贷便利工具的调控效力，分析了影子银行对价格型调控框架下再贴现政策工具和中期借贷便利工具的调控效力的影响。脉冲响应分析结果如下：一是在数量型调控框架下，影子银行降低了逆回购操作对货币供应量的调控效率，但提升了市场基准利率对货币供应量的传导效率。二是在价格型调控框架下，影子银行提升了逆回购利率向市场基准利率的传导效率，以及市场基准利率向企业债到期收益率的传导效率。三是在价格型调控框架下，货币政策工具再贴现利率对企业债到期收益率的引导能力低于新型货币政策工具 MLF 利率对企业债到期收益率的引导能力。四是在价格型调控框架下，影子银行降低了再贴现利率向企业债到期收益率的传导效率，提升了 MLF 利率向企业债到期收益率的传导效率。

第三，研究影子银行对货币政策传导的影响。从货币政策中介目标与最终目标相关性的角度研究了影子银行对货币政策传导的影响。使用 2008 年 1 月至 2019 年 6 月数据构建向量自回归（VAR）模型，在统一的框架下对比了货币供应量指标、社会融资规模指标以及利率指标与货币政策最终目标的相关性，并讨论了该相关性受影子银行的影响情况。脉冲响应分析结果如下：一是货币政策最终目标对社会融资规模冲击的反馈幅度最大，对利率冲击效果次之，对货币供应量冲击效果最弱。二是在货币政策最终目标对各中介目标冲击的响应持续时间方面，其对利率冲击的响应持续时间最长，对货币供应量和社会融资规模冲击的响应持续时间较短。三是货币供应量与产出及通货膨胀率的相关性受影子银行影响而减弱，社会融资规模与产出的相关性受影子银行影响也有所减弱，但影子银行增加了利率与产出的相关性。四是在影子银行规模扩张阶段，货币供应量、社会融资规模与通货膨胀率的相关性更高；在影子银行规模缩减阶段，货币供应量、社会融资规模、利率与产出的相关性更高。

本书可能的创新点包括：第一，研究角度创新。现有文献多是将货币政策工具与中介目标根据自身的数量型、价格型分类，放在相同类型的调控框架下进行研究，本书则在统一的模型中对比分析了各数量型、价格型货币政策中介目标的相关性；研究了不同货币调控框架下同一政策工具的调控效力，以及同一货币调控框架下不同政策工具的调控效力。第二，研究方法创新。本书使用 TVP-VAR 模型研究影子银行运行周期性的时变特征，并讨论金融监管从严导致的影子银行规模收缩对货币政策最终目标的影响。该模型可以更好地拟合变量的时变效应，有效地捕捉系统中的结构性变化和其他可能的非线性特征，相较于线性模型更有利于实现研究目的。第三，研究结论创新。现有文献关于影子银行周期性的研究结论尚不统一，但较多文献认为影子银行具有顺周期特征。本书研究发现，样本期内我国影子银行运行发生了顺、逆周期转变情况。此外，现有文献多研究影子银行规模扩张带来的影响，本书则分析了近年来影子银行规模收缩对实体经济的冲击，补充了对该问题的实证研究。

目 录

第一章 绪论

第一节 研究背景及意义

自 2008 年全球金融危机爆发以来，我国影子银行规模快速扩张。近年来，为防范化解金融风险，我国监管部门对影子银行进行有效治理与整顿，其规模扩张势头得到有效控制，但影子银行存量规模仍然十分庞大。根据中国银保监会政策研究局、统计信息与风险监测部课题组数据，截至 2019 年末，我国广义影子银行规模达 84.8 万亿元，风险较高的狭义影子银行规模为 39.14 万亿元（见表 1-1）。在国际上，美国影子银行最具有代表性：一方面，它的产生是金融市场中各类机构规避监管及追逐利润的市场需求所致，美国的政策环境推动了影子银行规模的迅速扩张；另一方面，机构投资者迅速发展带来的巨大投资需求推动了影子银行规模的扩张，其是美国金融自身发展的必然产物（Pozsar and Singh，2011）。我国影子银行起源于商业银行的监管套利行为，承担了将商业银行表内业务转移至表外以规避监管的任务，其期限错配、信用转换、层层嵌套及资金空转等运作模式导致脱实向虚等风险在金融体系内持续积累，引起监管部门高度重视。此外，由于正规金融体系无法完全满足实体经济的融资需求，作为非正规金融的影子银行对正规金融体系起到补充作用，影子银行与正规金融体系共存的状态将长期存在。因此，影子银行的微观机理和宏观效应成为学术界及政府相关部门关注的焦点。

表 1-1　2019 年我国影子银行的构成及规模　　　　　单位：万亿元

中国广义影子银行	2019 年末	中国狭义影子银行	2019 年末
同业 SPV 投资	—	同业 SPV 投资（不含公募和私募基金投资）	10.82
银行理财	23.40	部分银行理财	11.41
其中：同业理财	0.84	其中：同业理财	0.84
投向非标债权	1.41	投向非标债权	1.41
投向资管部分	9.16	投向资管产品	9.16
其他	11.99	委托贷款	11.44
委托贷款	11.44	信托贷款	7.45
资金信托	17.94	非股权私募基金	4.0
非股票公募基金	13.47	网络借贷 P2P 贷款	0.49
证券业资管	18.23	（减）重复和嵌套部分	6.48
保险资管	2.76	合计（剔除嵌套）	39.14
非股权私募基金	4.0		
资产证券化	3.83		
融资担保公司在保余额	2.70		
融资租赁公司租赁资产	2.18		
小额贷款公司贷款余额	0.93		
网络借贷 P2P 贷款	0.49		
商业保理公司保理余额	0.10		
典当行贷款	0.10		
（减）重复和嵌套部分	16.77		
合计（剔除嵌套）	84.80		

資料来源：中国银保监会政策研究局、统计信息与风险监测部课题组．中国影子银行报告［J］．金融监管研究，2020（11）．

　　影子银行在一定程度上促进了社会投融资途径的多样化发展，缩小了社会投融资需求缺口，也在一定程度上加快了金融市场创新步伐，其市场化运行模式对利率市场化进程起到了促进作用。然而，影子银行的发展也带来了一系列问题，如金融机构的通道业务等影子银行业务的发展导致资金在金融体系内部空转，推高了金融资产价格，使得金融体系内部风险水平上升。从我国金融体系的结构来看，以商业银行为代表的间接融资体系始终占据着主导地位，银行信贷渠道发挥着传导中央银行货币政策的主要作用，而影子银行由于具备了类似于商业银行的信贷功能，可以为实体经济提供融资服务，却不受用于监管商业银行的主要监管指标的约束，游离于监管体系之外（Wen et al.，2017），其规模扩张所创造的流动性也使社会融资行为"脱媒"，导致银行信贷渠道所承担的政策传导作用显著降低。影子银行的产生与发展对中央银行货币调控模式的效力产生了明显的冲击，提升了金融体系的系统性风险，对经济运行造成影响（蓝虹、穆争社，2014）。因此，影子银行的发展与货币政策调控之间的相互影响关系逐渐成为研究者关注的热点领域，特别是影子银行业务所具有的信用创造功能增加了整个经济体系的信用供给，提高了实体经济融资成本，使得货币政策工具的实施效果减弱。

　　当前，我国经济已由高速增长阶段转变为高质量发展阶段，经济运行状况相较于以往发生了显著的变化，这就要求以新的发展理念为指导，从推动经济发展质量变革、效率变革、动力变革等方面，提高全要素生产率，改进增长的质量和效益。同时，货币调控方式选择和转型须服务于高质量发展转变。我国正深入推进利率市场化改革金融市场中的创新与"脱媒"行为所带来的影响不容忽视，我国以往以数量为主的货币调控模式的效力处于下降趋势。中国人民银行近年来多次指出，当前影响货币供给的因素更加复杂，不应过度关注货币供应量的变化[①]，而是要更多关注利率价格指标，逐步推动货币价格调控方式转型。尽管我国已经淡化货币数量目标，但是不同于发达国家中央银行拥有较大货币

　　[①]　2018 年，我国不再公布货币供应量和社会融资规模数量目标。

决策自主性，作为全球最大的新兴发展中转轨经济体，我国的货币政策既要为价格并轨和货币化提供必要空间，也要根据不同阶段经济增长的实际情况，兼顾转型发展和金融稳定多个目标（周小川，2013）。因此，我国货币政策面临的约束条件更加复杂，且目前利率"形得成、调得了"并转向货币价格调控方式的条件尚未完全成熟，价格调控下中央银行的利率决策空间和政策操作自主性还有进一步提升的可能，金融市场基准利率体系的培育仍在途中，需要进一步深化发展金融市场微观基础、制度保障和产品功能等金融市场体系，筑牢货币政策调控模式由数量型调控模式向价格型调控模式过渡的金融市场基础。

同时，我国影子银行发展情况也面临着较大的变化，自"去杠杆"政策实施以来，对影子银行的从严监管导致其由以往的规模快速扩张阶段进入规模收缩阶段。根据中国银保监会政策研究局、统计信息与风险监测部课题组数据，到2016年底，我国影子银行规模已经相当庞大，广义影子银行规模超过90万亿元，狭义影子银行规模也高达51万亿元。经过三年专项治理，影子银行野蛮生长的态势得到有效遏制：截至2019年末，广义影子银行规模降至84.8万亿元，较2017年初的100.4万亿元的历史峰值缩减近16万亿元；风险较高的狭义影子银行规模降至39.14万亿元，较历史峰值缩减了12万亿元，其中，复杂结构的交叉金融业务大幅压缩，同业理财从2017年初的6.8万亿元降至2019年末的0.84万亿元，同业特定目的载体（SPV）投资从2016年底的23.05万亿元降至2019年末的15.98万亿元。影子银行的发展由前期的规模扩张阶段进入规模收缩阶段，但影子银行在我国经济中仍占有相当大的分量，所带来的影响不容忽视。

在经济发展方式转变、货币政策调控模式转型、影子银行规模由扩张转为收缩的综合背景下，影子银行对不同货币政策中介目标的传导作用产生何种影响，对中央银行货币政策工具的选择及效力有何种作用，以及对货币政策最终调控目标的实现又有哪些新的冲击和变化？在这样的金融背景下，针对这些问题的讨论，具有重要的理论及实践意义。

首先，丰富了关于货币政策实施效果的理论研究成果。当前，关于影子银行的研究成果相当丰富，现有文献从多个角度展开了探索，如影子银行风险性问题的研究，影子银行信用创造功能的研究等。关于影子银行对货币政策影响的研究，目前主要集中在对货币供应量和传导机制的影响方面，且研究结论并不统一。本书拟从货币政策目标、工具和传导三个方面研究影子银行对货币政策实施效果的影响，综合运用线性与时变非线性研究方法，希望为我国货币政策调控理论提供些许有意义的研究成果。

其次，有利于对影子银行的发展进行针对性监管与引导。本书总结了我国影子银行的运作模式、产生的原因以及各阶段发展的具体情况，并对影子银行与货币政策之间的传导机制相关理论及实证研究成果进行了总结和概括，同时利用实证研究方法探索了影子银行对我国货币政策实施效果的影响，从而有利于结合我国经济与金融发展形势厘清影子银行的运行逻辑，并确保在金融稳定的条件下引导影子银行进入合理发展轨道。

最后，有利于精准制定与实施相应的货币调控政策，排除影子银行对货币政策实施效果的干扰。本书从影子银行视角探索了其对货币政策实施效果的影响，为中央银行货币政策的制定与实施以及金融监管部门对影子银行进行监管提供一定的理论依据，有助于更好地发挥影子银行积极的经济作用，规避负面影响，确保金融体系安全平稳运行，提升货币政策的实施效果，进一步推动货币调控模式由数量型调控向价格型调控过渡，以高质量的货币政策调控服务经济的高质量发展。

第二节　研究的问题

在货币政策调控框架下，中央银行运用一定的货币政策工具，引起操作目标的变化，进而引起中介目标的连锁反应，并通过各种渠道影响货币政策最终的目标。可以看出，货币政策目标体系、政策工具的使用以及政策传导过程构成了中央银行货币政策的完整框架。因此，本书将从货币政策目标、工具及传导三个方面研究影子银行对货币政策的影响。当前我国政策框架处于转型过渡时期，中央银行综合采用量价结合的调控模式，数量型、价格型的政策目标及政策工具均发挥了作用。影子银行的发展由前期规模扩张阶段进入规模收缩阶段，其规模的变动表现出一定的周期性特征，当前对于影子银行周期性特征的讨论尚未有统一结论。因此，本书的主要研究问题有以下三个方面：

第一，从影子银行周期性角度看，影子银行运行的周期性特征表现如何，其对货币政策目标具体有何种影响？近年来，金融监管从严导致的影子银行规模收缩对于实体经济的影响相较于前期规模扩张阶段会有怎样不同？

第二，从数量型、价格型调控框架的角度看，影子银行对同一货币政策工具在两种货币调控框架下的影响有何区别？影子银行对价格型调控框架下不同货币政策工具的影响有何区别？

第三，从货币政策中介目标与最终目标相关性的角度看，影子银行变量对不同货币政策中介目标的相关性有怎样影响？

第三节　研究内容与构架

本书的结构如图 1-1 所示，各章主要内容具体如下：

第一章，绪论。在我国当前经济进入高质量发展阶段、货币政策调控框架处于转型时期以及影子银行规模由扩张阶段转为收缩阶段的背景下，本章提出了研究的问题，并简要介绍了本书的研究内容与框架、研究的主要结论以及主要难点与创新点。

第二章，基本理论与文献综述。本章简要介绍了与影子银行相关的金融创新理论以及与货币政策相关的货币政策调控理论，并从影子银行对货币政策目标

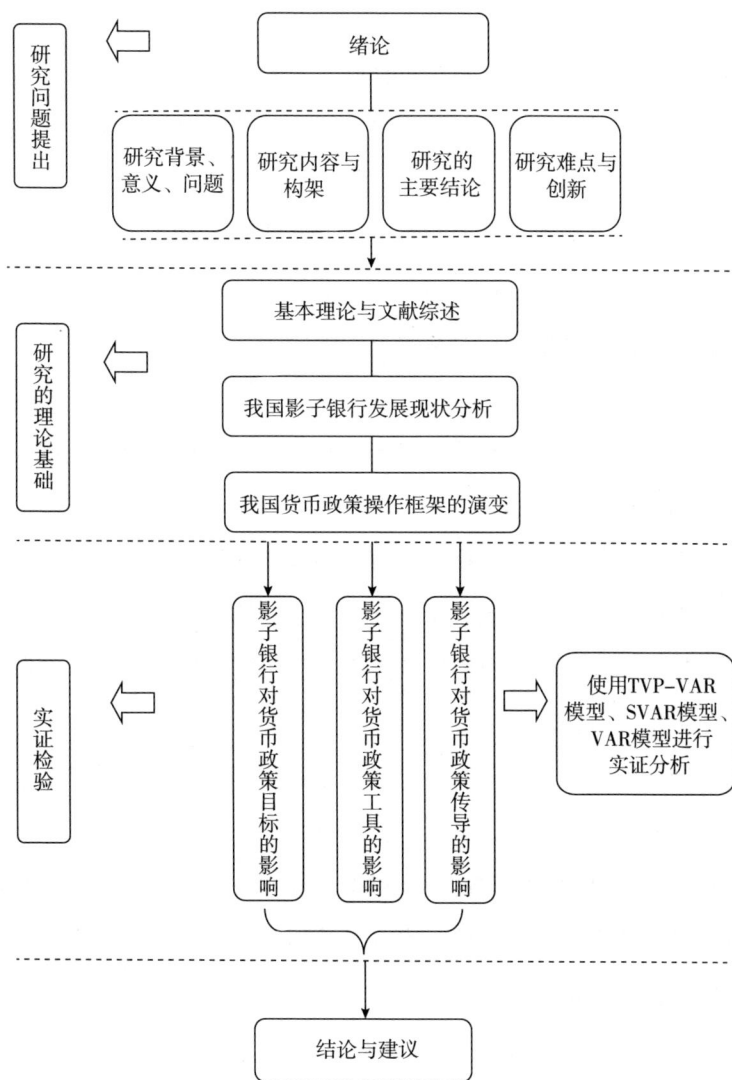

图 1-1 本书的结构

体系及工具的影响，影子银行对货币政策传导渠道的影响，影子银行周期性、对货币政策的非对称性影响以及影子银行与货币政策的互动关系四个方面对现有研究文献进行了总结。

第三章，我国影子银行发展现状分析。本章介绍了影子银行的界定、我国影子银行产生的原因及其发展历程。

第四章，中国货币政策操作框架的演变。本章介绍了我国中央银行货币政策操作框架演变的历史沿革，对各种货币政策操作框架的背景、特点、政策工具的使用进行了总结。

第五章，影子银行对货币政策目标的影响。本章构建了 TVP-VAR 模型，实证研究了我国影子银行的周期性运行特征，分析了其对于我国货币政策目标的影响情况，并讨论了近年来金融监管从严导致的影子银行规模收缩对于实体经济的影响。

第六章，影子银行对货币政策工具的影响。本章构建了数量型调控框架和价格型调控框架的结构向量自回归（SVAR）模型，实证研究了影子银行对公开市场操作逆回购工具在数量型调控框架和价格型调控框架下的调控效力的影响，对比了价格型调控框架下再贴现政策工具和中期借贷便利工具的调控效力，分析了影子银行对价格型调控框架下再贴现政策工具和中期借贷便利工具的调控效力的影响。

第七章，影子银行对货币政策传导的影响。本章构建了向量自回归（VAR）模型，在统一的模型框架下对比了货币供应量指标、社会融资规模指标以及利率指标与最终货币政策目标的相关性，并讨论了该相关性受影子银行影响的情况。

第八章，研究结论与政策建议。本章总结归纳全书的研究结论，并根据研究结论尝试提出一些政策建议。

第四节　研究的主要结论

第一，影子银行对货币政策目标影响的主要研究结论：一是在研究的样本期内，影子银行运行的周期性发生了转变，先由顺周期性转变为逆周期性，再由逆周期性转变为顺周期性，且影子银行的周期性表现出时变特征。二是在 2016 年上半年之前，影子银行对货币供应量总体上起到分流作用，而在之后的金融监管从严阶段，影子银行则扩大了货币供应量。三是从货币政策最终目标来看，影子银行对居民消费价格指数（CPI）有推升效应；从总体来看，影子银行在顺周期运行阶段能够促进经济增长，但在逆周期运行阶段则抑制经济增长。四是近年来监管从严导致的影子银行规模快速收缩对经济增长没有产生明显的负面影响，但在一定程度上提升了通货膨胀率的波动性，不利于价格水平的平稳。

第二，影子银行对货币政策工具影响的主要研究结论：一是在数量型调控框架下，影子银行降低了逆回购操作对货币供应量的调控效率，但提升了市场基准利率对货币供应量的传导效率。二是在价格型调控框架下，影子银行提升了逆回购利率向市场基准利率的传导效率，以及市场基准利率向企业债到期收益率的传导效率。三是在价格型调控框架下，货币政策工具再贴现利率对企业债到期收益率的引导能力低于新型货币政策工具 MLF 利率对企业债到期收益率的引导能力。四是在价格型调控框架下，影子银行降低了再贴现利率向企业债到期收益率的传导效率，提升了 MLF 利率向企业债到期收益率的传导效率。

第三，影子银行对货币政策传导影响的主要研究结论：一是货币政策最终目标对社会融资规模冲击的反馈幅度最大，对利率冲击效果次之，对货币供应量冲击效果最弱。二是在货币政策最终目标对各中介目标冲击的响应持续时间方面，其对利率冲击的响应持续时间最长，对货币供应量和社会融资规模冲击的响应持续时间较短。三是货币供应量与产出及通货膨胀率的相关性受影子银行影响而减弱，社会融资规模与产出的相关性受影子银行影响也有所减弱，但影子银行加大了利率与产出的相关性。四是在影子银行规模扩张阶段，货币供应量、社会融资规模与通货膨胀率的相关性更高；在影子银行规模缩减阶段，货币供应量、社会融资规模、利率与产出的相关性更高。

第五节　研究难点与创新

一、研究难点

目前，无论是在国际上还是在国内，影子银行都没有统一的定义，这也影响了影子银行规模统计数据的权威性与可得性。本书在实际进行研究的过程中，只能借鉴其他文献的方法自行测算影子银行规模，用于测算的代理指标的选取可能存在一定的主观性，因而造成测算数据与影子银行实际规模可能存在一定差距。

二、研究创新

第一，研究角度创新。现有文献多是将货币政策工具与中介目标根据自身的数量型、价格型分类，放在相同类型的调控框架下进行研究，且关于影子银行对货币政策工具的影响研究多是从以往常规工具的角度进行展开，缺乏对于新型货币政策工具的考虑。本书则将数量型中介目标货币供应量、社会融资规模与价格型中介目标利率纳入统一的 VAR 模型中，在统一的标准下研究各中介目标与最终目标的相关性，并讨论了该相关性受影子银行影响的情况。同时，本书研究了影子银行对逆回购工具在数量型调控框架和价格型调控框架下的调控效力的影响，对比分析了价格型调控框架下再贴现利率和新型的 MLF 利率的调控效力，以及该调控效力受影子银行影响的情况。

第二，研究方法创新。本书以影子银行运行周期性为切入点，研究了影子银行对货币政策目标的影响，由于近年来对影子银行的从严监管导致影子银行规模由扩张转为收缩，其周期性特征可能具有时变效应，因此研究选择了 TVP-VAR

模型，以更好地拟合变量的时变效应，有效地捕捉系统中的结构性变化和其他可能的非线性特征，相较于线性模型更有利于实现研究目的。

第三，研究结论创新。现有文献关于影子银行周期性的研究结论尚不统一，但较多文献认为影子银行具有顺周期特征。本书研究发现，样本期内我国影子银行运行发生了顺、逆周期转变情况。此外，现有文献多研究影子银行规模扩张带来的影响，本书则分析了近年来影子银行规模收缩对实体经济的冲击，补充了对于该问题的实证研究。

第二章　基本理论与文献综述

第一节　基本理论

一、金融创新理论

经济学家熊彼特于 1912 年提出了创新理论，该理论受到了学术界广泛的认可，并且获得了进一步应用。20 世纪 70 年代后，金融市场中的创新行为越发明显，研究者着手将创新理论与金融市场理论结合起来对金融创新进行研究。至 20 世纪 90 年代，金融创新理论的框架已基本构建完成。财富增长理论、货币促成理论、金融中介理论及规避管制理论是其中较具有代表性的理论。

（1）财富增长理论。Greenbau 和 Haywood（1971）认为，经济的增长带动了人们财富的增加，从而提升了对相应金融服务的市场需求程度，需求的提升推动了金融业的创新活动。

（2）货币促成理论。Friedman 是该理论体系中较为典型的学者，他认为，货币因素的变动是金融创新的主要原因，金融创新主要是为了对抗通货膨胀和利率变动等价格水平的波动。

（3）金融中介理论。Gurley 和 Shaw 认为，市场中的金融中介能够在金融创新的背景下进一步发挥信用创造作用，并且推动金融创新活动进一步深化。

（4）规避管制理论。Bhattacharyya 和 Nanda（2000）认为，对于金融机构的管制与约束会激励其在经营上的创新行为，金融机构所服务的客户群体特点以及市场结构的变化都影响着创新活动。对于拥有更大份额的金融机构，其创新的原始动力将会更强，而小份额的机构则更多是分享大型金融机构的创新成果。当市场波动较大、不稳定因素增多时，金融创新活动将会更加旺盛。

金融创新理论较好地解释了影子银行的产生。从金融中介视角来看，中国影子银行的产生可用金融中介理论和规避管制理论来解释，即正规金融机构为规避监管约束并追逐利润最大化，将表内资金腾挪出表，通过影子业务进行资金的借贷以达到监管套利的目的，这也使影子银行具有了商业银行的信用中介功能。从投资主体视角来看，财富增长理论和货币促成理论可以解释影子银行的产生，即财富的增长促使投资者对于高收益、多样化投资产品的需求不断增加，影子银行所提供的理财产品满足了这一需求，同时投资者为防范通货膨胀以及货币贬值风险，也增加了对高收益影子银行产品的需求，影子银行规模的扩张具备了市场投资需求基础。从融资主体视角来看，金融中介理论和规避管制理论同样可以解释影子银行的产生，即我国长期存在的针对正规金融机构的金融管制造成了金融压抑现象，导致市场资金需求缺口较大，而影子银行的金融中介功能能够弥补融资市场的资金需求缺口，使影子银行的产生与发展具备融资需求的市场基础。本书下文从金融中介视角、投资主体视角和融资主体视角分析了中国影子银行产生的原因。

二、货币政策调控理论

由于货币政策操作或者中介目标既可以是数量类的货币量指标，也可以是价格类的利率指标，货币调控模式可由此划分为数量型和价格型。从理论上来看，由于流动性效应的存在，货币的数量与价格是相互影响且不可分离的两个方面

（Friedman and Kuttner，2011）。在成熟完善的金融市场上，利率机制的价格发现功能能够有效发挥，因此两种类型的货币调控模式都能够对最终调控目标产生相同的调控效力。但从现实经济环境来看，只有发达经济体才具备成熟完善的金融市场，以及相对通畅的利率传导机制，并且其实施以利率调控为主的价格型货币政策调控模式，相比之下，主要的发展中经济体货币政策以数量型调控为主（周小川，2004）。

第一，货币数量调控理论。该理论主要以宏观经济变量的总量特征作为货币政策调控的目标。数量型调控模式可以产生较为直接的调控效果，但也可能干扰价格机制并对微观经济主体的行为产生负面影响。自20世纪70年代以来，金融创新与金融自由化浪潮促使各经济体的金融市场进一步发育，广度与深度进一步增加，造成银行信贷传导渠道的地位显著降低（Bernanke and Gertler，1995），即使各货币当局扩充货币统计指标的口径，也依然难以改变数量型指标中介目标属性弱化的状况（Mishkin，2009），货币总量关系稳定性受到较大挑战，货币数量调控的政策效力越来越差，实践效果远不及预期。

第二，货币价格调控理论。该理论主要是货币当局设定与引导宏观经济价格信号，从而间接影响微观经济主体的经济行为，通过市场化的价格机制传递中央银行政策意图。该理论的运用对市场的成熟完善度以及传导机制的通畅度有更高的要求，政策的传递链条具有一定的长度，不具有直接的调控效果。发达经济体由于具备成熟完善的金融市场，因此在20世纪70年代以前以价格型调控为主要的调控手段（Bindseil，2004）。但在20世纪60年代后期，传统凯恩斯主义指导下的货币政策使各国普遍陷入"滞胀"，促使各国接受了货币主义。随着金融自由化与金融创新浪潮的席卷，20世纪80年代中后期以来主要发达经济体货币政策再次转向价格型调控模式，以相应的规则为指导，以调节短期货币市场利率为操作手段，以通货膨胀水平的稳定作为货币政策最终目标（Blanchard et al.，2010）。

货币政策调控理论构成了本书实证研究部分的理论基础，本书的实证研究部分（第五章、第六章、第七章）总体上是将货币政策调控分为货币数量调控和货币价格调控两类进行相关研究，如第五章是以数量型指标作为中介目标进行相关研究，第六章则研究了不同的货币政策工具分别在数量型、价格型政策框架下的调控效力问题，第七章则是将数量型中介目标和价格型中介目标纳入统一的模型中进行实证研究。

第二节　影子银行对货币政策影响的文献综述

影子银行的发展对我国金融市场结构有着多方面的深刻影响，影子银行作为商业银行信贷的替代和补充，除了对金融体系的稳定性和监管造成一定的负面影响，也会对货币政策调控形成显著的冲击。近年来，国内外学者围绕影子银行与货币政策之间的相互影响关系进行了广泛讨论。由于影子银行在追求套利的过程中，回购交易导致了信用创造（Gorton and Metrick，2009），而影子银行的信用创造是货币政策传导机制失灵的原因（Pozsar and Singh，2011），因此多数学者以信用创造功能为切入点，研究影子银行对货币政策的影响。随着影子银行的发展，其创造的信用规模水平占商业银行信贷规模的比重逐步攀升，使得在商业银行之外产生了新的货币创造渠道，影子银行已然加剧并放大了货币市场波动性，对货币供应量、货币政策的目标体系和调控工具产生了影响，对货币政策操作形成了挑战（胡志鹏，2016）。

在以银行为主导的金融体系中，银行信贷渠道是货币政策传导的主要途径，中国人民银行通过操作货币政策工具间接影响银行信贷规模，进而对企业等实体经济部门的投融资活动形成约束（叶康涛、祝继高，2009）。在货币政策传导渠道中，银行信贷渠道的有效性取决于商业银行在金融市场中的绝对地位、银行贷款融资在企业融资方式中的不可替代性，以及金融市场在结构层次方面的不完善性等。有别于发达经济体，影子银行在发展中国家金融市场中主要是部分替代银行贷款为融资需求方提供资金支持（陈继勇、甄臻，2013），影子银行的发展带来了实体经济融资途径的多元化，改变了商业银行在金融市场中的垄断地位，降低了企业对银行的依赖性。央行从紧的货币调控会抑制银行贷款资金供给，而当影子银行发展至一定规模时，企业能够通过影子银行获得流动性支持，但紧缩性政策会造成外部融资溢价上升，最终会抑制经济主体的投融资需求。因此，影子银行的发展使得货币政策信贷传导理论由狭义银行信贷理论向包含影子银行的广义信贷理论转变（Torben and Bernd，2011）。研究影子银行的行为特征及其对货币政策的影响，对于完善影子银行监管，促进影子银行健康规范发展，降低影子银行带来的金融风险，都具有重要的意义。现有文献关于影子银行发展对中央银行货币政策影响的研究，主要以影子银行信用创造功能为切入点，研究影子银行对货币政策操作目标、中介目标和最终目标等目标体系的影响，影子银行对货币政策传导机制的影响，影子银行周期性、对货币政策的非对称性影响以及影子银行与货币政策互动关系等方面。

一、影子银行对货币政策目标体系及工具的影响

1. 影子银行对货币政策中介目标的影响

当前研究影子银行对货币政策影响的文献，较多是从作为货币政策中介目标的货币供应量的视角出发，研究影子银行对各个层次货币量的冲击，进而影响货币政策的效果。骆振心和冯科（2012）认为，影子银行的信用创造机制能够扩大信贷规模，进而引起货币供应量的扩张，冲击货币政策实施效果。颜永嘉（2014）认为，影子银行的信用中介功能扩大了信用供给，对货币政策形成冲击。彭文玉和孙英隽（2013）研究认为，信托贷款规模的扩大会导致不同层次的货币供应量增加，即信托贷款具有放大商业银行信用创造量的功能，从而增加了总货币供应量，如果再将其他形式的影子银行业务考虑进来，则会进一步放大商业银行的信用创造能力。徐超（2013）研究了第三方支付等影子银行形式对宏观经济的影响，其基本逻辑是影子银行的信用创造打破了商业银行作为唯一信用创造主

体的局面，通过信用创造功能，影子银行能够影响货币供应量和宏观经济调控效果。Panageas（2009）指出，影子银行通过资产证券化业务创造出新型金融衍生业务，延伸了货币供应范围，提升了货币当局政策调控难度。Ricks（2012）、Stein（2012）和 Sunderam（2012）等认为，影子银行所创造的一系列短期融资工具在一定程度上具备准货币的特征，随着市场需求的增长，具备准货币特征的融资工具发行量显著增加，可能引起过量的货币数量创造。从上述文献的研究结论来看，学者普遍认为影子银行的发展会扩大货币供应量，但也有少数学者认为，影子银行的信用创造功能会减少实际货币供应量（杨霞、朱玲，2017）。总之，影子银行既能够影响当期货币供应量，还能够通过一系列的反馈循环机制作用于未来信贷规模的变动，从而加剧市场流动性波动，干扰货币政策操作（王博、刘永余，2013）；王森和周茜茜（2015）也证实了影子银行规模变动对货币供应量有长期影响，且该影响具有时滞性。

　　上述文献直接研究了影子银行对货币供应量的影响，而有些文献则从货币乘数的视角研究了影子银行对货币供应量的影响。由于影子银行具备信用创造功能且游离于多数监管体系之外，因此其不受存款准备金等监管指标的约束，导致影子银行信用创造乘数不同于商业银行体系（Nelson，2003），影子银行突破了资本金束缚，改变了货币乘数，扩大了货币供应量边界（Shin，2009）。周小川（2011）认为，影子银行具有较强的信用创造能力，在一定程度上放大了货币乘数，扩大了信用供给与流动性总量，提高了流通的货币总量，对中央银行货币政策的调控效力造成了负面影响。周莉萍（2012）认为，影子银行的发展扩大了货币乘数，使得货币当局难以精确监测货币乘数的变动，通过以往的货币政策工具（如存款准备金等）进行政策调控已经无法较好地实现政策初衷，影子银行对央行货币政策调控基础产生了不利影响。李向前等（2013）采用主成分分析法及VAR 模型进行实证研究，发现影子银行的信用创造功能能够放大货币乘数并增加货币供应量，这一信用创造机制对货币政策工具、目标体系、传导机制和货币调控所依赖的金融市场环境均产生重要影响。汤克明（2013）认为，影子银行使以往货币乘数理论难以发挥作用，这导致了货币供应量统计指标的失灵，弱化了中央银行货币调控的基础，同时也冲击了利率传导机制效应。王梅婷和余航（2018）认为，影子银行导致现金漏损现象的出现，加大了中央银行对于货币乘数的精准预测难度，影响了准备金工具对于货币量的调控效力，使相关统计指标出现了一定程度的失真，还导致中央银行对于信贷的调控效力发生偏差，偏离了货币政策的调控目标，影子银行对货币金融政策效应和系统产生显著影响。

还有学者从货币流通速度的视角研究影子银行对货币供应量的影响。李波和伍戈（2011）指出，影子银行业务规模的扩张会造成货币流通速度的提升，不可避免地对中央银行调控基础货币以及货币供应量产生潜在影响。王增武（2010）指出，影子银行并没有改变经济中的货币存量，但其能够提高货币流通速度，使得货币供给内生性得以巩固，导致无论是金融部门还是企业、家庭部门，都降低了对于原有融资渠道的依赖程度，同时也使得中央银行难以准确把握窗口指导口径。王振和曾辉（2014）利用 CC-LM 模型研究指出，影子银行规模的扩大使得货币流动速度在可测性及可控性方面显著下降，货币供应量指标的统计及监测复杂性上升，进而对货币政策传导机制产生冲击。

我国影子银行的发展在一定程度上降低了货币政策调控对企业部门产生的负面影响，但影子银行系统能够依靠开展交易业务以及提高金融系统内部的流动性为实体经济供给额外的信用规模，其所供给的流动性并没有被计入广义流动性指标，故对于中央银行所盯住的货币供应量统计指标不形成明显的冲击，归入导致中央银行的货币量统计指标无法准确测度经济流动性水平。影子银行在一定程度上挤占了商业银行的信贷市场，同时也减弱了中央银行使用数量货币规则进行政策操作的理论基础，使以货币供应量作为货币政策中介目标的做法受到了挑战，降低了货币政策效力（李扬，2011；张明，2013；殷剑锋和王增武，2013；李新功，2014）。因此，研究者开始尝试扩充货币供应量的定义。Sheng（2010）提出以现有货币供应量指标加上影子银行业务规模作为货币供应量的新衡量标准。李波和伍戈（2011）指出，从货币政策的中介目标角度分析，现有货币供应量统计指标已不能完全体现出流动性的实际状况，应从更广义的范畴将影子银行所创造的信用规模归入流动性统计指标内。学者在研究扩充货币供应量定义的同时，也开始研究影子银行影响下的利率调控效果。李丛文（2015）使用动态时变 Copula 函数模型对我国影子银行与货币政策调控之间的动态关系进行了综合研究，结果显示，在货币政策中介目标的层面上，影子银行与货币供应量之间关联性最大，但此关联关系降低了数量型货币政策传导机制的传导效应，提升了政策调控的难度；虽然影子银行与现阶段市场利率之间的关联度较弱，但是这种关联关系可以加强影子银行调控的效力。许少强和颜永嘉（2015）利用商业银行与影子银行部门的精简资产负债表建立理论框架，研究了影子银行对不同层次利率之间联动关系的影响情况，同时运用 VAR 模型实证检验了所建立的理论模型。实证结论显示，影子银行业务的发展有助于推进我国利率市场化的进程，提高了不同层次利率之间的敏感性，使利率传导效率得以提升，完善了货币调控向价格型调控转变所需的金融市场环境。

综上可以看出，影子银行的信用创造功能能够为社会提供额外的流动性，对中央银行货币供应量指标的统计效果产生冲击，弱化货币政策的实施效果，对以货币供应量为中介目标的货币政策调控有效性形成负面影响。

2. 影子银行对货币政策最终目标的影响

关于影子银行对货币政策最终目标的影响，学者也未能达成一致。一部分学者认为，影子银行能够促进经济增长，但不会显著影响通货膨胀水平。陈剑和张晓龙（2012）构建 SVAR 模型分析了影子银行对我国货币政策最终目标即促进经济增长、抑制通货膨胀以及中介目标即货币供应量的影响作用。研究结果表明，影子银行的发展对经济增长具有促进作用，对通货膨胀并无显著影响。李丛文（2015）研究发现，我国影子银行具有顺经济周期的特征表现，货币政策具有逆经济周期调控特性，影子银行的发展有助于中国经济平稳增长，但对物价和房价等价格指标没有显著影响。另一部分学者则认为，影子银行对经济增长和物价水平都会产生一定的影响（叶子荣、赵煜坚，2016；杨霞、朱玲，2017）。王森和周茜茜（2015）研究发现，影子银行规模对物价有较强烈的冲击，在一定时间内对经济增长具有负面影响，即影子银行能够影响货币政策最终目标，进而对货币政策有效性形成冲击。周启清等（2016）构建通货膨胀、影子银行、货币存量以及经济增长的季度时间数列误差修正模型，研究发现影子银行与经济增长和通货膨胀呈正相关关系。李存和杨大光（2016）认为，影子银行规模大小是引起经济增长、物价水平变动的原因之一，其对经济增长的冲击具有一定的时滞效果，长期来看能够促进经济增长，但不利于价格水平的稳定，会提高通货膨胀水平，削弱货币政策的调控效果。李向前和孙彤（2016）采用 FAVAR 模型测度货币政策目标受影子银行影响的效果，研究结果显示，影子银行规模的发展壮大在短期内有助于抑制经济增长的波动，但也能够加剧物价水平的不稳定性，进而影响我国货币政策的实施效果。

影子银行创造的流动性推升了金融资产价格，在一定程度上导致了资产泡沫的形成。以往常规的货币政策难以有效地对影子银行的活动规模形成调控，同时影子银行可能浩成的资产泡沫也提高了货币政策调控的难度。因此，从货币政策的最终目标来看，不能只单一盯住通货膨胀指标，由影子银行运作所形成的各类金融资产价格应成为中央银行所关注的重点（李波、伍戈，2011）。贾生华等（2016）构建 SVAR 模型实证研究了影子银行对房地产市场以及货币政策调控效力的影响机制与作用效果，研究结果显示，影子银行业务规模的扩张对房地产投资和房地产价格有正向冲击作用，促进了信贷规模的扩大与利率水平的降低，干扰了货币政策对房地产市场调控的有效性，使得紧缩性政策对房地产投资额扩大和房地产价格水平上升的抑制作用减弱。方先明和权威（2018）构建 TVP-VAR 模型实证分析了我国影子银行的发展对不同种类金融资产价格水平的影响作用，脉冲响应分析结果显示，影子银行业务规模的扩张会引起商业银行同业拆放利率、房地产价格、股票市场价格指数和人民币实际有效汇率指数等金融资产价格指数的正向反馈，且该正向反馈效应具有随时间推移的时变性特征。

3. 影子银行对货币政策工具及操作目标的影响

李波和伍戈（2011）指出，影子银行的运行导致企业的融资活动避开了商业银行体系，将银行贷款资金通过不同的影子银行业务进行操作，不可避免地会造成以信贷规模为调控目标的数量型货币政策工具的实施效力下降。影子银行规模扩张扩充了金融市场产品种类，使金融市场在深度和广度方面得到提升。但影子银行业务运作所形成的资产属于监管套利背景下的产品，这些金融资产的实际价格水平可能会对中央银行政策利率的传导产生干扰现象，使得公开市场操作所买卖的有价证券的价格水平受到更复杂的市场环境的影响，导致中央银行对利率期限结构的调控面临更加错综复杂的挑战。李丛文（2015）研究发现，从货币政策工具的角度看，影子银行对法定存款准备金工具的调控效力具有较大的削弱效果，在利率市场化程度不高的背景下，再贴现工具的操作效果同样不理想，而影子银行与公开市场操作之间具有较高的关联度，相互影响关系能够促进公开市场操作工具操作效力的提升。叶子荣和赵煜坚（2016）认为，影子银行活动能够借助其对于资金的漏损率、存款准备金率、活期转化为定期的比率的影响，造成政策效果的弱化。刘翠（2017）则探讨了在充分发展影子银行背景下货币政策工具规则的选择问题，研究结果显示，利率规则对于稳定产出水平和价格水平作用更加明显，在我国货币政策转型的背景下，未来货币政策工具规则的最优选择应是利率规则。总之，由于常规的金融监管框架无法将影子银行业务囊括在内，而以往的货币政策传导机制过于依靠银行系统，因此货币政策常规的"三大法宝"受到影子银行的冲击，政策工具的操作效力被部分抵消（陆晓明，2014），以往常规的货币政策操作目标，如超额准备金等，不可避免地受到影子银行业务活动的冲击，无法全面地反映到货币政策操作的效果当中（李波、伍戈，2011）。

综上所述，现有学者的相关研究充分地认可了影子银行的信用创造功能，并且从理论以及实证角度分析了影子银行对于货币政策的影响作用，认为影子银行所创造的具有准货币属性的金融工具抑制了货币政策目标的实现（Adisunderam，2015）。

二、影子银行对货币政策传导渠道的影响

金融市场是连接政策源头中央银行与实体经济的桥梁，发挥着货币政策传导

介质的作用，但影子银行业务活动所创造的"货币"导致了发挥货币政策传导桥梁作用的金融市场环境发生了改变，对货币政策传导形成了冲击（Smaghi，2010）。

1. 银行信贷传导渠道

Mazelis（2014）利用 DSGE 模型从商业银行资产负债表渠道和影子银行贷款渠道两个方面分析了货币政策信贷渠道传导效应，研究结果显示，影子银行的存在降低了信贷渠道有效性，且影子银行能够通过信贷渠道对货币政策冲击产生响应。Plantin（2014）构建了包含家庭、企业、银行的 DSGE 模型，研究影子银行的发展对银行信贷渠道的影响。王铭利（2015）则从微观角度研究了我国信贷传导渠道，利用 A 股上市公司数据实证对比分析了我国狭义及广义信贷渠道，研究结果显示，在影子银行存在的情况下，紧缩性政策能够通过狭义信贷渠道抑制商业银行信贷扩张，造成银行贷款规模缩减，同时包含影子银行的广义信贷渠道却显著扩大了企业外部融资规模，即影子银行的存在弱化了紧缩性政策的实施效力。从总体上看，现有相关文献的研究一般认可影子银行能够导致货币政策传导时滞不确定性提高，削弱信贷渠道对于央行货币政策的传导效力的结论。

2. 资产价格传导渠道

蔡雯雯（2015）使用 IS-LM 模型、CC-LM 模型以及 VAR 模型分析了影子银行对货币政策的影响，研究结果显示，影子银行减弱了货币政策传导对于商业银行的依赖作用，不利于货币当局实际政策意图的实现，能够借助影响资产价格水平对货币政策资产价格渠道的传导效力形成影响，造成资产价格水平大幅波动，政策传导时滞的不确定性进一步上升，从而模糊了货币供应量边界，扩大了金融体系中的货币数量。

3. 利率传导渠道

西方主要发达经济体大多已实现了利率市场化，而中国目前尚未完全实现利率市场化，货币政策也正由数量型调控向价格型调控转型，因此，一部分学者研究了利率管制和利率双轨制等非市场化利率因素对于影子银行的产生与发展的作用，认为金融创新促进了影子银行的发展，影子银行业务的扩张是对国内金融抑制的一种反应，是市场中自发的利率市场化过程，同时也构成了银行业转型的业务载体。影子银行的出现与发展具有一定的市场合理性，但也会对货币政策实施效果和金融监管效力形成一定挑战（袁增霆，2011；黄益平等，2012）。Dang 等（2014）和 Acharya 等（2015）指出，中国的银行存款利率管制使存款者利益受损，市场利率与长期存款利率之差对理财产品规模扩张有促进作用。Barth 等（2015）、Wang 等（2016）和 Chen 等（2016）研究表明，利率管制、信贷规模指导以及双轨制价格体系等因素是促使影子银行产生与快速发展的重要原因之一。祝继高等（2016）研究认为，商业银行将资金转移到影子银行进行业务拓展，主要是为了降低商业银行贷款类资产因监管因素而导致的业务拓展受限程度，从而提升利润水平。随着我国利率管制的逐渐放松和利率市场化的逐步推进，价格机制的作用越发明显（Tuuli，2009），利率市场化对影子银行的影响也成为研究者关注的焦点。Funke 等（2015）构建非线性 DSGE 模型研究发现，利率市场化有利于提升货币政策传导效率，提高实体经济抵抗波动性冲击的能力，同时也有利于存款向银行体系重新回流，进而影响影子银行业务规模的扩张。于建忠等（2016）建立影子银行行为概念模型研究发现，当金融机构感知到较高的利率市场化水平时，它就会偏向于在一定程度上缩减其影子银行业务规模。张嘉明等（2017）运用 DAG-SVAR 模型和面板数据 FGLS 估计研究发现，在宏观层面上，货币政策及利率市场化因素在同期是影子银行的影响因素，利率市场化能够对影子银行形成长期作用，且利率市场化及货币政策能够对影子银行形成关联作用，即随着利率市场化水平的提高，货币政策对影子银行形成的影响更大。

利率与影子银行之间有相互影响关系存在，影子银行的业务活动能够引起短期贷款利率的波动；反之，利率变化也能够对影子银行规模形成冲击，进而影响货币政策调控效果（龙建成等，2013）。关于影子银行对利率传导渠道的影响研究，目前仍未形成一致的结论，一部分研究者认为，通过影子银行获取融资的资金成本明显高于银行贷款利率（张勇等，2014），其与正规银行体系组成了金融双轨制融资结构（纪洋等，2016），减弱了利率传导渠道的效果（马亚明、徐洋，2017），如 Ngalawa 和 Viegi（2013）建立了 DSGE 模型研究发现，商业银行利率及影子银行利率对正向技术冲击的反馈方向相同，对货币政策冲击和风险冲击的反馈方向出现差异；温信祥和苏乃芳（2018）建立含有影子银行和商业银行二元金融结构的 DSGE 模型，对我国影子银行的内在机制进行分析，发现影子银行形成的非正规金融市场使我国金融双轨制日趋显著，由于影子银行内部金融摩擦程度较高，其资本金的动态变化对货币政策的反应程度相对较小，导致了影子银行资金对货币政策工具利率变动的随动性较低，在一定程度上削弱了价格型货币政策的传导效果。而李建伟和李树生（2015）则认为，影子银行的发展丰富了金融市场的产品种类，使金融市场的定价机制更市场化，规避了我国一直以来对于存贷款利率的管制，推动了商业银行体系利率定价管制的放松，提升了利率水平，对中国利率市场化进程起到了助推作用，也促使利率传导渠道在货币政策传导机制中地位的加强。

4. 影子银行风险承担渠道

近年来，国内外研究者开始关注货币政策与影子银行风险的关系。肖本华（2012）从理论层面分析了货币政策与影子银行风险承担的关系，认为当货币政策处于宽松状态时，影子银行的发展能够提升风险资产的占比，并降低对于风险资产的定价水平，增加其风险承担。胡利琴等（2016）运用非对称 NARDL 模型研究了货币政策对影子银行行为的非对称影响，并着重分析了货币政策对影子银行风险承担渠道的非对称效应。研究结果显示，数量型政策和价格型政策均对影子银行产生非对称影响与效应，但两种类型的政策对影子银行的影响方向相反，长期来看紧缩性数量调控及宽松性价格调控更能够造成影子银行业务规模的膨胀。紧缩性数量调控和宽松性价格调控的搭配操作可以提升影子银行的过度风险承担水平，为中国一直以来搭配实施利率管制政策与紧缩性数量政策所引起的影子银行风险承担水平提升情况提供了解释角度。Marques 等（2016）分析了货币政策对非银行金融机构风险承担行为的影响，认为随着非银行金融机构在金融市场中地位的上升，当货币政策收紧时，非银行机构对于其资产负债表的收缩程度相较于商业银行更大，加强了货币政策的传导，即货币政策能够影响金融机构的风险承担行为。肖崎和邓少慧（2017）利用动态面板系统广义矩法对我国25家上市影子银行机构2006～2015年的数据进行研究发现，货币政策调控对于上市影子银行机构的风险承担行为有更明显的影响效果，宽松的货币政策，尤其是降低利率水平的价格型调控政策，能够提高影子银行的风险承担能力，在一定程度上起到放大扩张性政策实施效果的作用，进而提升了金融体系的风险水平。吴智华和杨秀云（2018）研究认为，商业银行的顺经济周期特征和影子银行的风险承担机制在紧缩性货币政策冲击下可能会导致影子银行的逆周期扩张。这一金融特征在紧缩性货币政策冲击下会相互强化并使经济产生滞胀风险，而传统上紧盯通货膨胀和产出缺口的泰勒规则无法有效抑制其对宏观经济的影响。郭娜等（2018）认为，紧缩性货币政策推动了影子银行业务规模的扩张，其对商业银行的调控效力受到冲击，加剧了金融体系内系统性风险的积累；货币政策的收缩能够引起市场利率水平的下降，商业银行正规利率水平及影子银行的利率水平均会随政策利率下降而下降；货币政策收紧同样会使房地产市场产出因信贷约束水平上升而下降，同时银行贷款利率并不会随政策收紧而提高，而是随着影子银行资金价格水平的下降而降低，说明影子银行的业务活动抵消了货币政策对市场利率水平的引导作用，货币当局的政策目标难以达成，导致系统性风险在银行体系内部进一步积累。朱孟楠等（2018）研究发现，影子银行业务活动额外形成的流动性提升了对于金融资产的市场需求，容易引发资产价格水平的快速上涨，从而加大了货币政策调控的难度，而诸如银信合作理财产品等特殊的影子银行业务形式也成为商业银行转移风险的重要渠道，造成了金融监管效果的削弱。

5. 金融稳定渠道

影子银行具有高杠杆操作和期限错配等固有脆弱性，且游离于常规监管之外，具有抛售机制、恶性循环机制、预期机制，这些特征给影子银行关联金融机构的经营状况、资产质量等经营稳健性指标带来了负面影响，给金融体系稳定带来了严峻的挑战，影子银行运作可以借助于金融稳定渠道对货币政策实施效果形成影响（李波、伍戈，2011；徐滢、周恩源，2011；Gennaioli et al.，2013；颜永嘉，2014）。姚军和葛新峰（2011）认为，影子银行的发展能够通过其对金融稳定的影响作用于货币政策，并在一定程度上降低中央银行窗口指导的效力，使中央银行货币调控的操作难度上升，进而影响最终调控目标的实现。赵蔚（2013）研究了影子银行业务与信贷配给问题，发现影子银行降低了货币政策的传导效率，并会带来金融体系的不稳定。李向前等（2013）认为，我国经济的快速增长、货币供应量的持续提升以及总体处于稳定状态的金融系统，为影子银行的产生与规模扩张奠定了重要基础，而影子银行规模的扩张使我国金融稳定性有所降低。肖崎和阮健浓（2014）分析了影子银行业务之一的商业银行同业业务对货币政策效果以及金融系统稳定性的影响，发现同业业务的发展提升了利润与效率，但同时对金融稳定以及中央银行货币调控形成了冲击，监管部门应重点关注同业业务发展所形成的系统关联性，防范系统性风险的产生。Moe（2014）研究指出，由于影子银行业务活动所涉及的抵押品价值波动性较大，因此影子银行规模的扩张会造成金融体系脆弱性上升，中央银行应采取措施控制其信用规模扩张，特别是在经济上行阶段合理管控准货币的增速。李丛文和闫世军（2015）研究发现，影子银行与商业银行之间的互动关联程度因影子银行规模的上升而加强，推升了金融杠杆率，提升了期限错配程度，使得金融系统内的关联关系进一步复杂化，引致金融风险传播速度以及金融系统脆弱性的上升，不利于金融稳定。

三、影子银行周期性、对货币政策的非对称性影响

1. 影子银行与经济周期

2008年全球金融危机爆发后，影子银行作为新的金融范式进入全球视野，

非银行金融机构的周期性特征成为学者关注的焦点，但近年来对影子银行的周期性研究并未得到一致的结论。在顺周期结论方面，周莉萍（2013）以美国影子银行为研究对象，从理论分析角度对影子银行的顺周期原理进行研究，认为影子银行活动的顺周期特性能够影响商业银行信贷和广义流动性，扭曲了货币政策调控效果，加剧了宏观经济波动性。金融稳定委员会（Financial Stability Board，2013）认为，由于影子银行无法从正规部门获取流动性支持，且游离于常规监管体系之外，因此影子银行在业务发展过程中更有可能出现过度风险承担行为，其规模具有顺经济周期变动特性。刘喜和等（2014）将金融体系划分为正规金融部门和影子银行部门双重结构，并构建 DSGE 模型研究了货币政策规则变动对影子银行融资规模及利率水平、产出和通货膨胀的作用。研究结果显示，货币政策规则的变动直接影响影子银行信贷规模及利率，且影子银行表现出顺经济周期运行的特征。王晓枫和申妍（2014）构建 VAR 模型并使用脉冲响应函数分析发现，影子银行的信用创造规模在短期内具有较大的波动性，不利于经济增长，但长期来看能够产生促进作用，影子银行的发展表现出顺经济周期特征。林琳等（2016）研究发现，虽然影子银行的发展对金融体系资源配置效率的提升有一定推动作用，但是监管的缺失让影子银行在规模扩张的过程中推升了金融杠杆，加剧了资金的期限错配，同时其顺周期经营行为扩大了系统性金融风险的积累程度。方先明和权威（2017）构建 TVP-VAR 模型实证检验了影子银行规模与经济周期的关系，发现影子银行规模随经济周期的变动具有时变性，总体表现出显著的顺周期趋势。马亚明和段奇奇（2018）将经济周期、影子银行以及货币政策变量纳入 TVP-VAR 模型研究发现，影子银行具有顺周期性，宏观经济环境的变化使得顺周期行为具有时变性，影子银行对经济周期变量的冲击能够反向作用于自身的运行状态，产生正反馈环机制，加剧经济周期的波动性，加大货币政策目标的实现难度。

在逆周期结论方面，裘翔和周强龙（2014）将影子银行作为商业银行经营高风险领域业务的拓展并纳入 DNK-DSGE 框架，通过风险承担渠道解释正向利率冲击下影子银行的逆周期变动，并认为影子银行的逆周期运行特征是对商业银行为主的间接融资体系的有益补充，但同时减弱了以抑制投资为政策目标的价格型货币调控效果。刘璐（2016）研究认为，当经济周期处于上升阶段时，影子银行业务活动的扩张会受到抑制，而当宏观经济周期处于下行阶段时，影子银行可能对宏观经济波动产生反向对冲影响。高然等（2018）将存贷比和资本充足率等信贷约束指标纳入 DSGE 模型研究发现，我国影子银行具有逆周期运行特征。庄子罐等（2018）发现影子银行系统内的委托代理和风险偏好问题导致影子银行表现出逆周期的借贷行为，这是影子银行能够在短期内扩大经济波动的重要因素。

2. 影子银行与货币政策周期

不同于影子银行与经济周期关系方面研究结论的不一致，影子银行与货币政策周期方面的研究结论较为统一，多数学者认为影子银行具有逆货币政策周期运行特征。以降低利率为主的紧缩性货币政策虽然可以暂时性地降低商业银行信贷业务活动和企业的融资需求，但是当银行的表内信贷规模受到严格限制时，其会寻求以影子银行业务规避监管，通过资产证券化活动满足企业外源融资需求，对影子银行业务活动产生正向促进作用，促使影子银行融资规模上升，影子银行运行显示出逆货币政策周期的特征，引致货币政策对商业银行信贷与影子银行信贷调控效果的非对称效应（Woodford，2010；Den Haan and Sterk，2011；Jiménez et al.，2014；Sheng and Soon，2015；Nelson et al.，2015）。Loutskina（2011）、王琎和李丛文（2015）研究认为，影子银行的发展具有逆货币政策调控周期的特性，并可能引发"水床效应"，商业银行为摆脱紧缩性政策对其信贷规模扩张的约束，会通过发展影子银行业务（如资产证券化业务等）为企业提供融资服务，从而促使影子银行业务活动规模扩张，达到转移受约束信贷资金以规避监管的效果。Funke 等（2015）认为，中央银行政策利率的提升能够导致监管套利以及资产转换，造成中国影子银行规模扩张和杠杆率的不断提高。另有少数学者认为，影子银行具有顺货币政策调控周期的特点，如 Verona 等（2011）利用 DSGE 模型研究了影子银行业务活动与货币政策调控周期的相互影响作用，发现宽松的货币政策促进影子银行业务规模上升，其业务经营行为表现出顺货币政策周期特征。

还有学者在研究影子银行与货币政策周期和经济周期关系的同时，探讨影子银行与商业银行之间的替代与补充关系。王晓枫和申妍（2014）认为，影子银行业务活动具有逆货币政策调控周期的特点，且与商业银行之间具有补充和竞争关系。解凤敏和李媛（2014）利用包含影子银行的存款乘数进行研究，发现影子银行的发展能够引起货币乘数的扩大，影子银行与银行信贷的关系因经济周期和货币政策立场的不同而发生变化，在经济周期上行阶段，影子银行对银行信贷表现出补充作用，而在货币政策紧缩阶段，影子银行则表现出对银行信贷的替代作用，其经营活动的顺经济周期特点降低了逆周期调控的货币政策效力。袁增霆（2011）、周莉萍（2011，2013）的研究也认为，影子银行业务规模的扩张对商业银行信贷具有替代作用，从而对货币政策调控有效性造成影响。杨霞和朱玲（2017）认为，影子银行规模扩大在短期内对银行信贷有一定的替代作用，会导致新增信贷规模减小，而从长期来看，影子银行能够在一定程度上缓解企业的融资难状况，提高产出量，带动整体融资需求的增加，促进信贷规模进一步提升。马亚明和王虹珊（2018）研究指出，扩张性的价格规则及紧缩性的数量规则均能够抑制影子银行业务规模的扩张，提升商业银行的信用创造能力，同时有效地调控金融杠杆。

3. 影子银行对货币政策的非对称性影响研究

从影子银行的逆货币政策调控周期和顺经济周期视角来看，紧缩性货币政策效力会因影子银行的存在而被部分抵消，宽松性货币政策的调控效果则可能因影子银行而被放大，从而造成不同类型的货币政策调控效果表现出非对称效应。骆振心和冯科（2012）认为，影子银行对货币政策的影响突出表现在非对称性上，影子银行对紧缩性政策的影响要大大超过对宽松性政策的影响。张全兴和吴铮（2013）认为，中国的影子银行对货币政策有效性造成冲击，削弱了货币供应量调控效果且具有非对称性，扭曲了基准利率的信号机制，弱化了货币政策中介目标的作用。毛泽盛和许艳梅（2015）从理论与实证两个方面研究发现，影子银行对商业银行的信用中介功能起替代作用，该替代作用使得影子银行对紧缩性货币政策产生更大的影响，从而能够弱化货币政策的非对称效应，但无法完全消除非对称性效应。潘海英和向鹏超（2017）研究发现，影子银行能够优化信贷配给，从而影响信贷渠道，对不同调控方向的货币政策实施效果均形成一定的冲击，能够放大宽松性货币政策的实施效果，并抑制紧缩性政策调控效力的发挥，相比之下紧缩性政策调控效力更易受到影子银行的冲击。

四、影子银行与货币政策的互动关系

Verona 等（2011）认为，美国扩张性货币政策的实施为影子银行的发展奠定了基础，而影子银行规模的变动也能够冲击货币政策调控效果。贺军（2011）研究发现，影子银行与货币政策之间存在相互影响关系，影子银行可以在一定程度上冲击货币政策的调控效力，而紧缩性政策能够反向作用于影子银行，使其业务规模迅速上升。可见，影子银行与货币政策之间相互影响，影子银行已成为货币政策传导渠道的重要组成部分（Claessens et al.，2012）。Verona 等（2013）使用 DSGE 模型研究指出，长期宽松的货币政策产生的过度信用为影子银行的产生与规模扩张奠定了基础，影子银行的高杠杆特点加剧了实体经济变量的波动，影子银行制约了货币政策目标的实现。徐云松（2018）研究发现，我国的货币政策调控、影子银行规模以及商业银行贷款规模三者之间具有相互影响的动态循环机制，在短期内扩张性货币政策能够增加银行贷款规模，而影子银行规模的扩张受到抑制，但在长期内货币政策的宽松有助于影子银行流动性的创造，同时也能够促进商业银行贷款规模的提升；影子银行的发展能够使扩张性货币政策的调控效果被进一步放大，不利于政策目标的实现，提升了调控与监管难度。

第三节　综合评述

本章简要介绍了与影子银行产生相关的金融创新理论，以及与货币政策相关的货币政策调控理论，对现有研究影子银行与货币政策关系的文献进行了回顾，并将当前研究该问题的文献总结为以下四个方面：影子银行对货币政策目标体系及工具的影响，影子银行对货币政策传导渠道的影响，影子银行周期性、对货币政策的非对称性影响以及影子银行与货币政策的互动关系。关于上述研究方向，学者做了大量研究，并且得出了丰富的研究成果。货币政策的目标、工具及传导是构成货币政策框架的核心因素，从这三个方面来看，现有文献仍存在以下问题：第一，目前关于影子银行对货币政策最终目标的影响研究，未形成较为一致的研究结论。关于影子银行运行周期性的研究，同样也未得到一致性的结论。第二，关于影子银行对货币政策工具的影响，现有文献多是分析影子银行对常规政策工具调控效力的冲击，且主要在数量型调控框架下进行相关研究，较少涉及新型政策工具与常规政策工具的对比以及数量型调控框架和价格型调控框架下的对比研究。第三，多数学者在研究影子银行对货币政策传导的影响时，选择货币供应量作为中介目标代理指标，并以信贷渠道、资产价格渠道、风险承担渠道等不同的传导渠道作为研究切入点，而现实中各传导渠道较为复杂，难以全面有效地刻画其传导过程。

现有研究存在的问题为本书研究提供了思路，本书将从货币政策目标、工具、传导三个方面，系统性地研究影子银行对我国货币政策的影响。

首先，研究影子银行对货币政策目标的影响。考虑到现有文献研究结论的不一致性，本书拟从影子银行运行周期性的角度切入，研究影子银行对货币政策目标的影响。由于近年来对影子银行的从严监管导致影子银行规模由扩张转为收缩，影子银行周期性特征可能具有时变效应，因此选择 TVP-VAR 模型，以更好地拟合变量的时变效应。因此，本书的第一个检验目标是构建 TVP-VAR 模型以检验我国影子银行的周期性运行特征，分析其对货币政策目标的影响，以及检验近年来影子银行规模收缩对于实体经济的影响。

其次，研究影子银行对货币政策工具的影响。为弥补现有研究的不足，本书将综合考虑影子银行对常规政策工具和新型政策工具的影响，并从数量型调控框架和价格型调控框架两个方面进行研究。因为在政策工具的调控过程中需要考虑货币政策经由货币市场向中介目标传导，所以研究选择 SVAR 模型，该模型在VAR 模型的基础上考虑了各变量之间的当期关系，符合货币政策工具调控过程中的经济理论，对实际政策工具调控过程具有较强的解释能力。因此，本书的第二个检验目标是在 SVAR 模型中对比影子银行对逆回购操作在数量型调控框架和价格型调控框架下的调控效力的影响，分析价格型调控框架下再贴现利率和新型工具 MLF 利率的调控效力及其所受影子银行影响的情况。

最后，研究影子银行对货币政策传导的影响。鉴于现有研究存在的问题，本书拟从货币政策中介目标相关性的角度切入，只关注中介目标向最终目标传导的过程，不考虑多种传导渠道的复杂情形，达到化繁为简的目的。研究选择 VAR模型脉冲响应函数分析法，该方法可以将货币政策最终目标对不同中介目标冲击的响应情况进行对比，直观地反映中介目标的相关性特征，即货币政策由中介目标向最终目标传导效率的高低，而不用考虑传导过程中复杂的金融情形。在我国当前的货币政策调控中，货币供应量、社会融资规模和利率同时发挥着货币政策中介目标的作用。因此，本书的第三个检验目标是在 VAR 模型中对比货币供应量、社会融资规模和利率指标的相关性，分析影子银行对该相关性的影响。

第三章 我国影子银行发展现状分析

第一节 影子银行的界定

在 2007 年的美联储会议上，保罗·麦考利（Paul McCulley）第一次对影子银行的概念进行了归纳，即影子银行是与商业银行相对应的金融机构，其业务活动游离于当局的金融监管体系之外，其负债端资金来源多具有短期不确定性，不能向中央银行进行再贴现，也无法参与存款保险制度体系。随着金融市场环境和制度背景的不同，关于影子银行概念的内涵和外延被进一步扩展。Gorton 和 Metrick（2010）提出，影子银行具有类似商业银行的功能，但是其活动主体的名称有所区别，且所受监管程度较低或处于无监管状态。该定义突破了常规定义中过于注重影子银行业务活动所涉及的具体金融产品的局限性，从更宏观的影子银行运行机制以及金融监管的视角进行概括。Pozar 等（2010）认为，影子银行是不能向中央银行进行再贴现的金融中介机构，但其具有期限转换、信用水平转换以及流动性转换等功能。金融稳定委员会（Financial Stability Board，2011）认为，影子银行有狭义和广义之分，从广义角度来看，影子银行是在商业银行体系之外发挥着信用创造功能的信用中介组织及经济活动，狭义影子银行则是满足广义定义的机构和经济活动，并且能够进行期限转换、流动性转换、高杠杆运作和有瑕

疵的信用风险转移等行为，从而可能引起监管套利以及引发系统性风险。Ber-
nanke（2012）以存款保险制度为判断依据，提出了影子银行的界定标准，他认
为在金融市场中发挥着信用中介职能但不能参与存款保险制度的组织和市场活动
构成了影子银行。Gennaioli 等（2013）认为，运用货币市场基金、资产证券化
等方式为金融中介提供短期债务是影子银行的主要表现形式。总之，国际上普遍
认为，影子银行是商业银行体系外从事资产证券化、高杠杆操作以及转换类行为
的金融中介，它们游离于监管体系之外，无法获取公共部门直接的流动性支持。

在国际上，美国的影子银行比较具有代表性，其通常以非银行金融机构（如
投资银行）主导，以资产证券化业务为核心，涉及包括货币市场基金、回购协
议、资产证券化和更复杂的结构性金融工具等在内的众多复杂的金融衍生品
（Gorton and Metrick，2009；Pozsar and Singh，2011），并且拥有庞大的二级市场。
美国影子银行资金主要来源于共同基金，投资银行、对冲基金等在货币市场上向
共同基金融入资金，购买各类贷款，对贷款进行资产证券化，然后销售给各类机
构投资者，这一过程具有高杠杆、场外交易、低透明度等特点，且独立于商业银
行之外，与之形成竞争关系，构成一种"平行银行系统"（李波、伍戈，2011）。
美国影子银行具有交易中介的功能，实际业务模式脱离实体经济，其运作的重点
是分散风险以及杠杆的扩张。从风险与监管的角度看，美国影子银行脱离监管体
系，依靠资本市场调节和机构自身约束，风险水平较高，一旦回购市场挤兑，就
容易出现危机。美国的影子银行运行机制如图 3-1 所示。

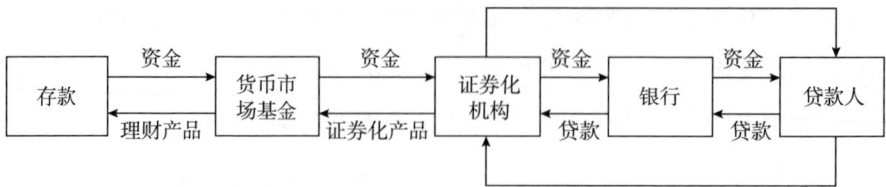

图 3-1　美国的影子银行运行机制

对于中国影子银行而言，由于国内的金融市场结构、金融市场所处的发展阶段以及金融监管环境与发达国家有较大的不同，影子银行的形式也表现出差异性，因此当前国内关于影子银行的定义也没有形成一个统一的界定。袁增霆（2011）认为，我国的影子银行具有信用创造的特性，且在业务上对商业银行有一定的替代性及依附性，其中最有代表性的是金融市场中的理财业务相关部门。中国人民银行调查统计司与成都分行调查统计处联合课题组（2012）认为，我国影子银行是指从事类似于商业银行信用转换、期限转换、流动性转换的金融中介活动的实体或准实体，但并未像商业银行一样受到《巴塞尔协议Ⅲ》或相同监管水平的约束。黄益平等（2012）认为，我国影子银行具体表现为理财产品、信托融资以及委托融资等业务产品形式。汪涛和胡志鹏（2012）认为，中央银行公布的社会融资规模指标中所统计的未贴现银行承兑汇票、委托贷款、信托贷款，以及未体现在该指标中的信托资产和民间借贷，非银机构所持有的企业债等，均属于影子银行的范畴。巴曙松（2013）从最窄口径、较窄口径、较宽口径以及最宽口径四个口径对中国影子银行概念进行界定，分别主要涉及银行理财业务和信托公司，财务公司、汽车金融公司、金融租赁公司、消费金融公司等非银行金融机构，银行同业业务、委托贷款等表外业务和融资担保公司、小额贷款公司、典当行等非银行金融机构，以及民间借贷。沈悦（2013）将资金来源类似商业银行的银信合作、委托贷款、未贴现银行票据划分为内部影子银行，将信托公司、担保公司等非银行金融机构及网贷、民间借贷等民间金融划分为外部影子银行。总的来看，由于我国的金融结构特点以及金融市场发展所处阶段等因素，我国的影子银行与商业银行之间有较为密切的关系，是执行商业银行职能但基本不受常规金融监管框架约束的金融机构。

我国的影子银行在复杂程度和体系构成等方面与发达国家的影子银行存在明显区别。不同于美国的影子银行以金融创新、证券化以及复杂衍生工具为基础，我国的影子银行是信贷主导的中介模式，以非银行金融机构为主，资金主要来源于银行信贷、同业负债和权益资金，以零售融资和批发融资为主，少有二级市场，是商业银行体系的补充。我国影子银行运作的主流过程是商业银行发行理财产品或通过同业负债募集资金，借助信托、券商、基金等非银机构通道，将资金以信托贷款、委托贷款、未贴现银行承兑汇票等方式发放给不能从常规商业银行获取贷款以及不能通过股市、债市等正规直接融资渠道融资的微观主体。综合来看，我国的影子银行可以分为三类：第一类是由银行理财产品、未贴现银行承兑汇票和委托贷款等表外业务形成的商业银行内部影子银行，是我国影子银行的主要组成部分；第二类是由货币市场基金、信托公司、小额贷款公司、典当行、金融租赁、典当行贷款、P2P网络贷款、资产支持证券以及消费金融公司等机构的相关业务构成的商业银行外部影子银行，该类影子银行依赖于商业银行的信贷业务，通过产品与合作创新进行跨行业信用创造；第三类则是由民间金融相关业务构成的影子银行（蓝虹、穆争社，2014）。从我国的影子银行结构来看，几乎所有影子银行机构及其业务模式均与商业银行在资金链上存在紧密联系（王浡力、李建军，2013），其在本质上和商业银行的经营模式是类似的，具有"类银行"功能（王振、曾辉，2014），执行着商业银行职能。我国的影子银行运行机制如图3-2所示。

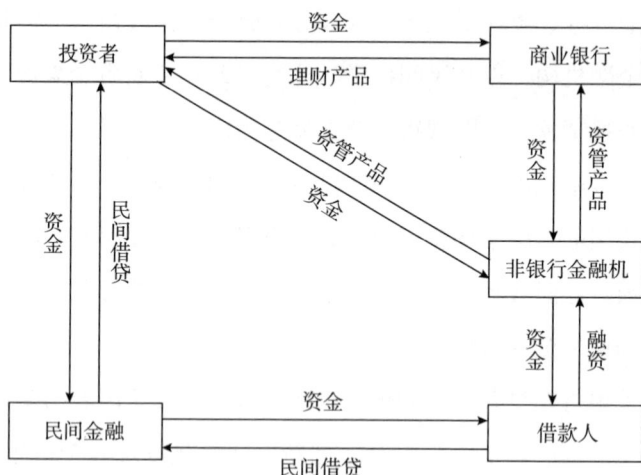

图3-2　我国的影子银行运行机制

第二节　我国影子银行产生的原因

近年来，我国经济快速发展并取得了举世瞩目的成就，经济主体多元化竞争格局已经建立，虽然金融市场的改革与完善处于逐步推进过程中，但是金融体系的发展完善程度相对不足，经济增长所带来的金融需求缺口难以完全得到有效补充，这是影子银行产生与发展的市场动力基础。正规金融市场所提供的资金量无法满足庞大市场需求数量，资金的市场需求缺口为影子银行等非银行机构的发展提供了较大的市场空间。就具体原因而言，金融中介机构的监管套利行为，不同类型企业强劲的融资需求，居民在金融抑制环境下旺盛的投资需求，是中国影子银行发展的主要前提与动力（张明，2013）。

一、金融中介视角

我国的影子银行是在一定的制度背景下发展起来的，关于影子银行快速发展的原因，学术界所持有的观点较为统一，即商业银行借助资产出表的方式规避监管、获取利润的经营行为推动了影子银行规模的快速扩张。张明（2013）和时辰宙（2009）以金融中介为切入点进行研究，认为影子银行从事着类似于商业银行的信用中介行为，但不受或较少受到监管约束，因此极易成为商业银行规避监管、追逐利润的业务工具。鲁篱和潘静（2014）以市场环境和监管环境为切入点进行研究，认为监管方式的规则导向使金融机构的套利激励上升，微观审慎监管无法全面覆盖导致监管空白的存在，分业监管同样存在监管空白与盲区的问题，这三点因素推动着影子银行监管套利行为的产生。林琳等（2016）认为，在货币政策收紧阶段，商业银行为避免放贷能力受限而对盈利水平造成负面影响，通过规避监管的业务方式进行套利操作行为，主导并推动了我国影子银行的发展。万晓莉等（2016）以商业银行主观意愿为切入点进行分析，认为商业银行发展影子业务的目的之一即监管套利，资本套利、存贷比套利以及信贷额度与投向套利是影子银行套利的主要方式。Hachem 和 Song（2015）、Chen 等（2018）分别从中国商业银行的负债端和资产端两个角度研究了影子银行的产生与发展，得出了较为一致的结论，即以存贷比为代表的一系列监管指标的监管约束推动了影子银行业务规模的快速扩张，且后者运用委托贷款数据证实了中国影子银行业务的监管套利行为。

一方面，我国的商业银行受到较为严格的金融监管指标的限制，如较高的存款准备金率、存贷比要求、信贷额度管控、资本充足率等；另一方面，商业银行还受到相对僵化的利率管制。一直以来我国实行利率双轨制，商业银行等正规金融机构受到较为严格的利率行政管制，利率浮动范围相对较小，但实际资金市场面临着资金需求远大于资金供给的问题，造成了满足供需关系的市场利率远高于商业银行等正规金融机构的管制利率，使得正规金融体系内外资金出现明显的价格差别。这些因素使得商业银行倾向于采取一系列措施避开相应的监管限制，利用影子银行产品将资金转移至表外，不断创新金融工具和业务模式，以规避监管并扩张利润来源（Plantin，2014；万晓莉等，2016），从而使得体制内货币资金源源不断向体制外影子银行流入，并最终融入不能正常获取正规银行贷款的实体经济部门，促进了我国影子银行规模的快速扩张。在我国商业银行体系内，不同规模的银行之间存在不对称竞争现象，资产规模较小的银行有更强的动机避开监管的限制（Hachem and Song，2016；祝继高等，2016），开展影子银行业务以获取超额利润（Chen et al.，2020）。因此，我国的影子银行是在利率管制、金融歧视与金融抑制的市场背景下金融市场主动进行业务创新的结果，以减少监管限制并提升利润水平（吴智华、杨秀云，2018）。另外，为减轻全球金融危机对国内实体经济的冲击，经济刺激计划的大规模实施进一步提升了影子银行规模的上升速度，对国内金融市场结构产生了显著影响（Acharya and Steffen，2016；Chen et al.，2020）。

从具体的金融环境来看，中国的影子银行规模的迅速发展发生于 2010~2011

年，这一期间国内货币政策收紧，信贷规模大幅收缩。我国政府为使国内经济摆脱全球金融危机带来的不利影响，实施了"四万亿"刺激计划，但也造成了通货膨胀水平大幅提高、资产价格急剧上涨的政策副作用。自2010年起，我国中央银行综合运用价量工具，在两年内对存款利率、准备金率等指标进行多次上调以控制通货膨胀高企问题。大型存款类金融机构准备金率由2010年初的16%上调至2011年11月的21.5%，中小型金融机构则由14%上调至19.5%，并且将信贷控制由年度规模降至月度规模。这些调控措施使得银行信贷业务受到极大的限制，致使银行业放贷额度缩减，收入减少。如图3-3所示，自2010年12月起，我国商业银行的主要收入来源净息差及资产利润率均处于下降趋势。在监管层对信贷总量和结构同时进行调控的过程中，商业银行为了追求利润的增长以及防止不良贷款率的增加，借助影子银行产品及业务，将原本用于发放贷款的资金腾挪出表，输送给不能以常规方式获取正规贷款的融资平台、房地产企业、中小企业等融资主体（袭翔、周强龙，2014），这种银行表外业务的开展，既可扩张贷款规模、实现利润增长（见图3-4，自2010年12月起，我国商业银行非利息收入占比处于上升趋势），也能够符合监管条件，使商业银行达到减少风险资产比重

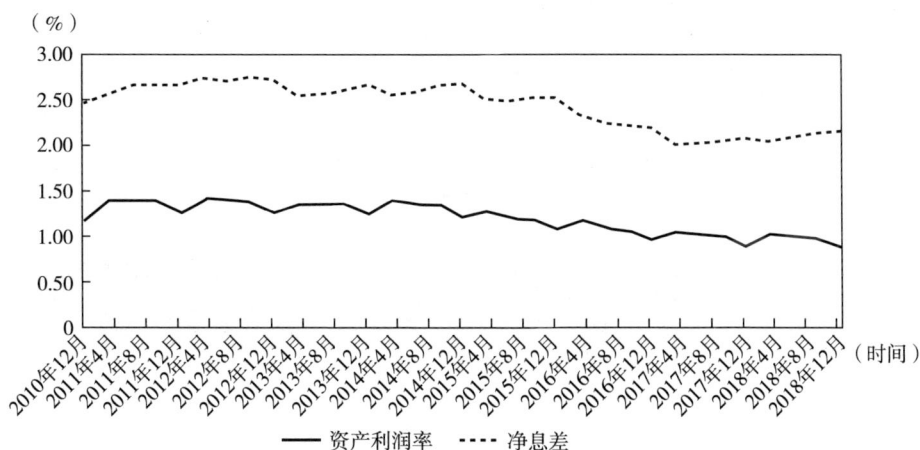

图3-3 我国商业银行的资产利润率与净息差

资料来源：Wind数据库。

并提升资本充足率的意图（张明，2013）。如图3-5所示，自2003年起，我国商业银行的不良贷款比例处于下降趋势，特别是2010年12月之后，比例降到了2%以下，这是商业银行经营模式转变的体现，其中不乏影子银行业务的贡献。

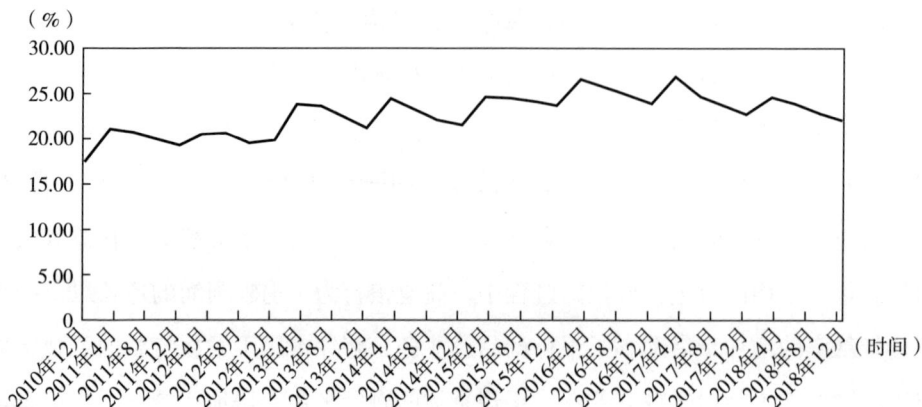

图3-4 我国商业银行非利息收入占比

资料来源：Wind数据库。

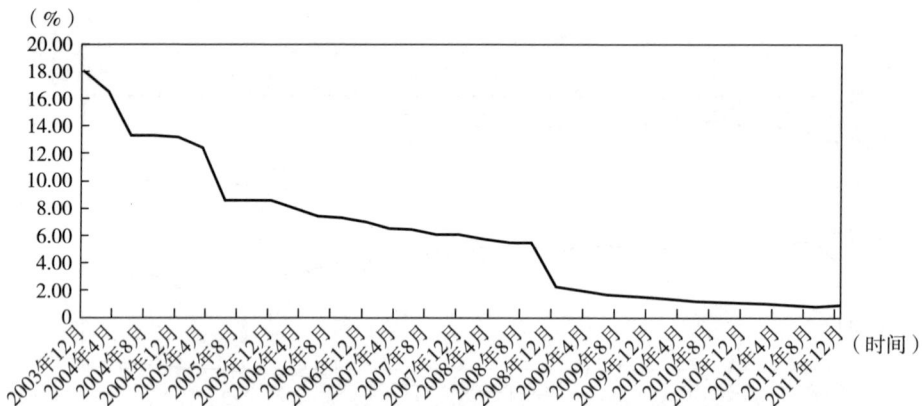

图3-5 我国商业银行不良贷款比例

资料来源：Wind数据库。

二、融资主体视角

我国经济的快速增长，带动了市场资金需求总量的进一步攀升，但我国以银行间接融资为主导的金融体系结构以及存在一定程度的金融抑制现象，导致市场需求资金缺口巨大，特别是中小企业以及因政策调整而融资受限的企业，不得不转向其他途径寻求资金来源。影子银行市场化程度较高，具有较好的创新性和灵活性，以快速便捷的方式提供新的融资渠道，能够满足经济中多种多样的市场需求，这也是国内影子银行快速发展的重要原因。因此，影子银行在一定程度上解决了我国的"融资难"问题，并发挥着为实体经济输送资金的作用。

首先，中小企业融资缺口巨大，促进了影子银行发展。表 3-1 显示了我国规模以上工业企业的主要经济指标，在我国影子银行快速扩张的 2010 年，中小企业占企业总数量的比例为 99.17%，占工业总产值的比例为 67.08%，占企业总资产的比例为 60.15%，占企业总主营业务收入的比例为 65.89%，占企业利润总额的比例为 66.77%，占全部从业人员年平均人数总数的比例为 75.82%。可见，中小企业在我国经济中至关重要。而相比于中小企业对经济的贡献，其从银行业金融机构所获得的融资规模则相对较小，根据中国人民银行数据，2010 年我国人民币贷款余额为 47.92 亿元，中小企业人民币贷款余额为 17.7 万亿元，占比约为 37%，中小企业融资难问题表现突出。

表 3-1　2010 年全国规模以上工业企业主要经济指标

企业规模	企业数量		工业总产值		资产总计		主营业务收入		利润总额		全部从业人员年平均人数	
大型企业	绝对值（亿元）	占比（%）	绝对值（亿元）	占比（%）	绝对值（亿元）	占比（%）	绝对值（亿元）	占比（%）	绝对值（亿元）	占比（%）	绝对值（亿元）	占比（%）
	3742	0.83	229947	32.92	236257	39.85	238017	34.11	17630	33.23	2307.8	24.18
中型企业	绝对值（亿元）	占比（%）	绝对值（亿元）	占比（%）	绝对值（亿元）	占比（%）	绝对值（亿元）	占比（%）	绝对值（亿元）	占比（%）	绝对值（亿元）	占比（%）
	42906	9.47	203925	29.19	191195	32.25	200997	28.81	17347	32.70	3082.4	32.29

企业规模	企业数量		工业总产值		资产总计		主营业务收入		利润总额		全部从业人员年平均人数	
小型企业	绝对值（亿元）	占比（%）	绝对值（亿元）	占比（%）	绝对值（亿元）	占比（%）	绝对值（亿元）	占比（%）	绝对值（亿元）	占比（%）	绝对值（亿元）	占比（%）
	406224	89.70	264719	37.89	165430	27.90	258730	37.08	18072	34.07	4154.5	43.53
总计	452872		698591		592882		697744		53050		9544.7	

资料来源：国家统计局网站。

我国以银行业金融机构为主导的间接融资是企业资金的主要来源，受限于融资主体的资质以及国内资本市场发展的现状等，股票、债券等形式的直接融资占比较低，尚不能对银行融资形成有效替代。表 3-2 显示了资产规模视角下我国金融市场各类主要金融机构的资产规模以及构成比重，可以看出，商业银行体系在中国金融市场中占据了绝对地位，因此银行业结构对于实体经济融资市场的影响至关重要。

表 3-2　2007~2018 年我国金融资产规模及构成

年份	资产规模（万亿元）			构成比重（%）		
	银行金融资产	证券公司资产	保险公司资产	银行	证券公司	保险公司
2007	52.6	1.7	2.9	92.0	3.0	5.1
2008	63.4	1.2	3.3	93.4	1.8	4.9
2009	78.8	2.0	4.1	92.8	2.4	4.8
2010	94.3	2.0	5.1	93.0	2.0	5.0
2011	113.3	1.6	6.0	93.7	1.3	5.0
2012	133.6	1.7	7.4	93.6	1.2	5.2
2013	151.4	2.1	8.3	93.6	1.3	5.1
2014	172.3	4.1	10.2	92.4	2.2	5.5
2015	199.4	6.4	12.4	91.4	2.9	5.7
2016	232.3	5.8	15.4	91.7	2.3	6.0
2017	252.4	6.1	16.9	91.7	2.2	6.1
2018	268.2	6.3	18.3	91.6	2.2	6.3

资料来源：根据原银监会、中国证券业协会及原保监会网站统计数据整理得出。

表 3-3 显示了 2004~2013 年我国各类型商业银行资产规模占银行业总资产规模的比重，可以看出，在 2010 年前后，大型商业银行资产规模占比达到 50%左右，2010 年以前更是达到 50%以上，而作为中小银行的城市商业银行所占比重在 10%以下。大型商业银行在中国金融体系中具有系统重要性地位，发挥着传导货币金融政策的重要职能，由于受到严格的政策监管以及风险偏好限制，其所掌握的大量常规信贷资源会优先配给国家政策导向领域以及大型国有企业等，保证国有经济以及大型企业等的稳定发展，无法满足所有企业的融资需求。而中小银行所拥有的信贷资源比例相对较低，贷款能力相对有限，并且同样出于风险偏好的因素会优先向大型企业供给贷款，剩余信贷资源不能完全满足中小企业日益增长的融资需求。在金融二元结构格局及信贷配给的背景下，不同类型企业从银行体系获得信贷的机会存在差异，中小型企业等大量经济主体相较于国有企业等大型企业，很难从银行系统获得足够的信贷资金，货币资金在不同经济主体之间配置不均，有限的信贷资源更多被大型企业占据，融资结构的失衡加剧了中小企业的融资困难，使其对其他融资渠道的需求逐步上升。特别是自 2010 年起国内经济面临通货膨胀压力，中央银行逐步实施了紧缩性货币政策，使得银行信贷业务受到一定的限制，中小企业获取正规银行贷款的难度进一步加大，从而转向影子银行渠道获取融资以满足资金需求。来自融资政策和授信待遇上的差别导致影子银行成为中小企业资金来源的重要渠道之一，是特定金融环境下市场选择的结果。

表 3-3　2004~2013 年我国各类银行业金融机构资产规模占银行业金融机构总资产规模比例

单位：%

年份	大型商业银行	股份制商业银行	城市商业银行
2004	53.6	14.9	5.4
2005	52.5	15.5	5.4
2006	51.3	16.2	5.9
2007	53.2	13.8	6.4

年份	大型商业银行	股份制商业银行	城市商业银行
2008	51.0	14.1	6.6
2009	50.9	15.0	7.2
2010	48.7	15.8	8.3
2011	47.3	16.2	8.8
2012	44.9	17.6	9.2
2013	43.3	17.8	10.0

资料来源：根据原银监会网站数据整理得出。

　　其次，信贷政策收紧导致社会资金供不应求，催生了对影子资金的需求。为应对全球金融危机对国内经济的冲击，我国实施了"四万亿"刺激计划，这一政策帮助我国实现了国内生产总值 GDP 的持续稳定增长，同时也导致我国经济出现了产能过剩、结构失衡、通货膨胀等负面因素。为应对经济过热，2010 年监管当局出台了信贷紧缩政策，对银行贷款投向过剩、过热等行业进行严格管制，导致大量企业从银行获得贷款的条件越来越严苛，从而面临较大的资金缺口。从房地产行业来看，根据原银监会数据，该行业 2009 年、2010 年分别获得银行信贷 2.05 万亿元、2.09 万亿元，而 2011 年、2012 年获取银行信贷额度分别降低至 1.32 万亿元、1.37 万亿元，下降幅度较大。而前期刺激政策所带来的大量投资项目，特别是地方政府投资的长期基建类项目以及房地产类项目，对资金需求旺盛，信贷紧缩政策的实施使得这些行业面临资金链断裂的风险，从而促使资金紧缺的企业转向影子银行融通资金，以保证流动性及企业运转。这些因素是影子银行自 2010 年以来快速发展的另一个重要原因。我国影子银行是金融中介监管套利行为推动的产物，也是正规金融市场资金供给量与实体经济资金需求量不匹配的产物。

三、投资主体视角

在存款利率较低、理财产品种类逐渐多样化的环境下，我国居民的资产配置形式发生了显著的变化，使我国的影子银行的发展在资金来源端拥有了内在推动力。我国长期以来存在官方管制利率与市场利率并行的双轨制现象（苏乃芳、李宏瑾，2018），存款利率低于市场利率，特别是2008年全球金融危机后人们对货币贬值预期的上升和通货膨胀的存在，使得存款收益进一步降低，银行名义存款利率无法抵消通货膨胀所带来的负增长影响。从资金供给方来看，随着我国经济的迅速发展，社会闲散资金总额迅速增加，由于实体经济的融资需求远超正规金融体系的资金供给，因此金融体系资金来源的投资方式必需要更高资金回报率。影子银行所提供的投资品能够在正规金融机构管制利率的基础上进行更大区间的浮动，其收益水平高于商业银行存款类产品，如银行理财产品以及信托产品等都属于收益较高、风险较低且具有影子银行性质的理财产品，该类产品投资范围广泛，形式多种多样，能够弥补商业银行存款产品的单一性，且相较于银行存款具有收益高优势（见图3-6，信托产品的预期收益率远高于同期人民币存款的基准利率），而相较于股票等投资产品，影子银行投资产品一般拥有较为多样的担

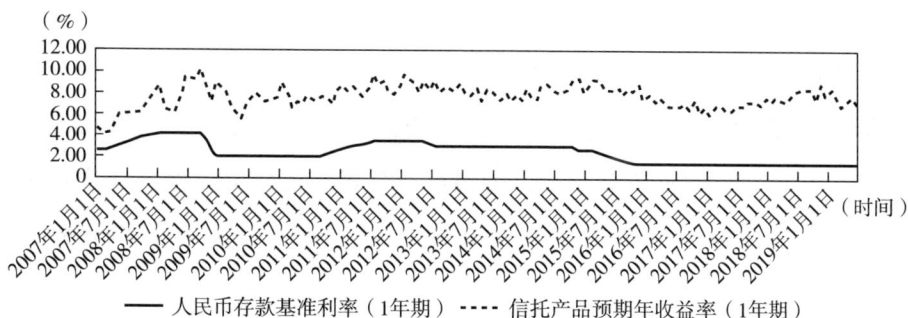

图 3-6　信托产品预期收益率与定期存款基准利率

资料来源：Wind 数据库。

保手段，整体风险水平更低。因此，在银行存款的低利率难以满足居民对高收益理财需求的背景下，为追求较高回报，居民的储蓄行为发生改变（见表3-4，居民储蓄占比呈逐年降低趋势，银行理财、信托等投资产品占比有逐年提高趋势），资金盈余者更倾向于高收益的理财产品而无意于银行存款，造成储蓄存款从商业银行体系流失，更多地流入收益率相对较高的影子银行（张明，2013）。

表3-4　2008~2011年我国个人可投资资产构成　　　　单位:%

年份	居民储蓄	银行理财产品	股票流通市值	信托资产	商业养老保险	基金净值	流通中货币	离岸资产
2008	61.00	10.00	6.00	4.00	5.00	5.00	4.00	4.00
2009	55.00	10.00	13.00	4.00	5.00	5.00	4.00	4.00
2010	55.00	13.00	10.00	6.00	5.00	4.00	3.00	4.00
2011	51.00	21.00	7.00	7.00	3.00	3.00	3.00	4.00

资料来源：Wind 数据库。

第三节　我国影子银行发展历程

我国的影子银行发展历程大致可以分为三个阶段：第一个阶段是2009~2013年，影子银行在这一阶段快速兴起，业务规模迅速扩张；第二个阶段是2014~2016年，影子银行发展不断深化，占银行业总资产比例不断提高并达到峰值；第三个阶段是2017年至今，由于"去杠杆"政策的实施，对影子银行的监管力度逐步加大，影子银行规模达到峰值并在强监管的影响下开始缩减，其中，2011~2017年我国商业银行其他投资项目变化如表3-5所示。

表3-5 2011~2017年我国商业银行其他投资项目变化

年份	其他投资	
	余额（万亿元）	同比增速（%）
2011	1.55	37.9
2012	2.91	87.4
2013	5.20	78.9
2014	8.11	55.9
2015	14.07	73.5
2016	20.39	44.8
2017	20.56	0.9

资料来源：根据原银保监会网站数据整理得出。

一、影子银行快速兴起阶段（2009~2013年）

2004~2008年，我国影子银行进入起步阶段，但这一阶段影子银行规模基数较小。这是我国经济快速发展阶段，经济增长处于高速轨道，货币政策总体较为宽松，市场整体流动性充足。同时，这一阶段我国经济体制改革不断深入，金融结构也朝着多元化方向发展，一些非银行金融机构逐渐涌现，奠定了我国影子银行初步发展的基础。

2009~2013年，我国影子银行处于快速兴起阶段。这一阶段，受2008年全球金融危机影响，我国实施了"四万亿"刺激计划，信贷规模急剧扩张，但为了防止经济过热，我国政策当局自2009年开始收紧货币政策，致使信贷需求缺口逐步扩大，从而促使影子银行规模快速扩张，由2010年底的16.3万亿元扩张到2013年底的37.7万亿元，占银行业总资产的比重也达到了25.5%。影子银行在这一期间的主要业务模式为银行理财业务，银信合作、银证合作等通道类业务，资金主要投向非标准化资产。

银行理财业务在 2008 年以后进入快速扩张阶段，2008 年底理财业务资金余额为 0.82 万亿元，而 2013 年底达到了 10.21 万亿元。2009~2011 年银信合作类业务是对接银行理财资金以规避监管的重要通道，根据普益财富数据，2007 年银信合作产品的发行额仅为 0.18 万亿元，而到 2009 年则攀升至 2.46 万亿元。2009 年出台的《中国银监会关于进一步规范银信合作有关事项的通知》对信贷资产转让模式和银信合作进行限制，2010 年出台的《中国银监会关于规范银信理财合作业务有关事项的通知》对银信合作进行全面的规范，随后一系列文件出台，使得银信合作业务开始受到严格监管，2011 年之后我国影子银行开始由银信合作业务转向银证合作业务（见图 3-7）。

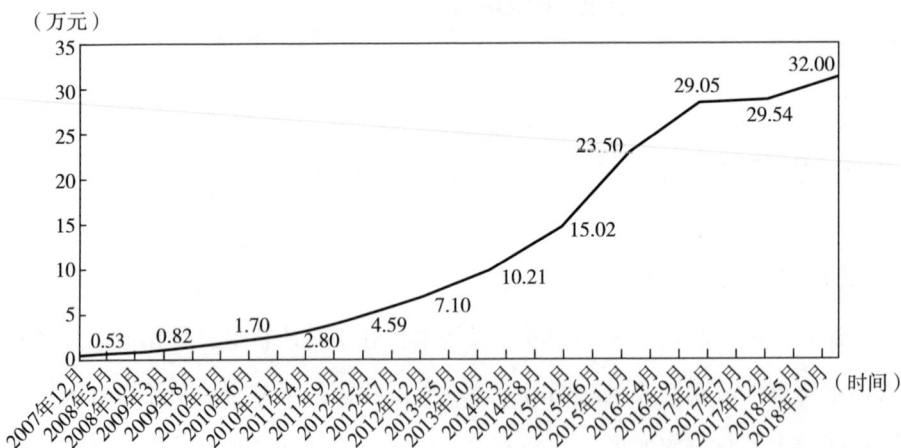

图 3-7　银行理财产品资金余额

资料来源：Wind 数据库。

证监会于 2012 年发布了多条政策以推动证券公司资产管理业务发展，宽松的监管环境促使银证合作业务迅速扩张。根据中国证券业协会数据，证券公司 2011 年底的资产管理业务余额仅达到 0.28 万亿元，而至 2012 年底则迅速上升至 1.89 万亿元。2013 年，中国证券业协会发布了《关于规范证券公司与银行合作开展定向资产管理业务有关事项的通知》，对银证合作业务进行规范，使得资管通道类银证合作业务受到约束。

从影子银行资金最终投向来看，这一阶段主要为非标准化债权资产，银行理财产品资金投向非标资产的规模在 2013 年底占银行理财资金总规模的比例达到 27.49%。2013 年，《中国银监会关于规范商业银行理财业务投资运作有关问题的通知》（银监发〔2013〕8 号）发布，对银行理财资金借助通道业务进行操作实施全面管制，理财资金投资非标资产受到约束。

二、影子银行发展不断深化阶段（2014~2016 年）

2014~2016 年，影子银行规模进一步扩张，由 2013 年底的 37.7 万亿元扩张到 2016 年底的 64.5 万亿元，占银行业总资产的比重由 25.5% 上升到 28.5% 的峰值，占 GDP 的比例也达到了 87% 的峰值。影子银行在这一阶段的主要业务模式为同业业务、委外投资，资金投向由前期的非标准化资产转为标准化资产。

由于银监发〔2013〕8 号文件的发布，银行理财通过金融机构通道进行表外操作的模式受到限制，影子银行的业务重点开始向表内转移，商业银行间同业业务成为影子银行发展的主要业务方向之一。

2014 年，同业业务以买入返售业务为主，该类业务规模在银监发〔2013〕8 号文件发布之后迅速扩张，占商业银行同业业务的比重快速上升。根据 16 家上市银行相关数据，截至 2016 年 6 月，该类业务规模达到 6.45 万亿元，占同业业务规模的比重达到 53.8%。2014 年 4 月，中国人民银行等五部门发布了《关于规范金融机构同业业务的通知》，对金融机构同业业务进行整顿，通过买入返售业务投资非标准化资产的业务模式难以继续实施，买入返售类业务规模逐渐萎缩。

此后，由于我国经济下行压力加大，投资非标准化资产业务所受监管日益趋严，加之股票、债券市场等标准化资产收益率提高，影子银行投资标的选择开始向标准化资产倾斜。因此，2014~2016 年应收账款类投资、同业理财以及委外业务开始兴起。2014 年之后，应收账款投资类业务得到快速发展，根据 Wind 数据库数据，16 家上市银行应收账款类投资业务规模在 2014 年底占总资产规模的比重为 3.64%，而至 2016 年底则迅速扩张至 6.64%。

同样地，这一阶段同业业务不断创新，其中最主要的业务模式是同业存单与同业理财等业务产品。同业存单业务从 2014 年下半年步入规模迅速扩张阶段，2016 年底发行总额同比增长 145%，达到 13 万亿元，该类业务有利于银行等金融机构进行流动性调节、多样性资产配置，从而可以优化资产负债结构。

由于同业存单的发行利率普遍低于理财产品，因此可以利用两种业务之间的价差进行套利，这带动了同业理财业务的扩张。根据《中国银行业理财市场年度报告》数据，同业理财业务余额在 2014 年底为 0.49 万亿元，而至 2016 年 6 月底则达到 4.02 万亿元，占理财产品余额的比例由 2014 年底的 4.1% 攀升至 2016 年 6 月底的 15.3%，同时间段个人理财业务规模占比则由 61.4% 快速降至 48.4%。从非银行机构的层面看，委外投资业务在 2014~2016 年阶段获得快速发展，究其原因可能是中小规模金融机构在资产管理方面的专业能力不足，从而委托其他更为专业的机构管理其资金。根据申万宏源数据，2015 年委外投资规模达到 16.69 万亿元（孟祥娟，2016）。随着债市、股市走强，委外投资资金主要流向了这些标准化的资产。

从资金最终投向来看，我国股票市场在 2014 年下半年至 2015 年上半年期间行情一路攀升，带动了资金以不同的影子银行业务形式投入股票市场。之后，随着股市行情下跌以及债市的繁荣，影子银行资金向债市转移。如表 3-6 所示，银行理财资金对于债券及货币市场类资产的配置比例在 2014 年为 43.75%，至 2015 年底达到了 50.99%，债市成为此阶段理财资金最主要的投向。2013~2016 年理财产品资产配置情况如表 3-6 所示，2010~2016 年跨行业资管产品规模如表 3-7 所示。

表 3-6　2013~2016 年理财产品资产配置情况　　　　　　　　单位:%

年份	债券及货币市场	非标准化债权类资产	现金及银行存款	权益类资产
2013	38.64	27.49	25.62	6.14

年份	债券及货币市场	非标准化债权类资产	现金及银行存款	权益类资产
2014	43.75	20.91	26.56	6.24
2015	50.99	15.73	22.38	7.84
2016	43.76	17.49	16.62	

资料来源：2013～2016 年《中国银行业理财市场年度报告》。

表 3-7　2010～2016 年跨行业资管产品规模　　　单位：万亿元

机构类型	2010 年	2011 年	2012 年	2013 年	2014 年	2015 年	2016 年
银行理财	2.80	4.60	7.10	10.21	15.03	23.50	29.05
信托资产	3.04	4.81	7.47	10.91	13.98	16.30	20.21
券商资管	0.19	0.28	1.89	5.21	7.95	11.89	17.58
基金公司	2.52	2.77	3.62	4.22	6.68	12.42	14.26
基金子公司				0.97	3.74	8.57	10.5
私募基金					1.49	4.16	7.89
保险资管					0.92	1.39	1.9
合计	8.55	12.46	20.08	31.52	49.76	78.23	101.39
增速（%）	—	45.7	61.2	57.0	58.0	57.1	29.6

资料来源：原银保监会、中国信托业协会、中国证券投资基金业协会。

三、影子银行严监管阶段（2017 年至今）

2017 年被称为金融监管元年，我国金融监管逐步趋严，这是影子银行规模出现转折的关键节点。为防范化解金融风险，"去杠杆"政策成为 2017 年以来的金融监管主旋律，各监管部门陆续发布多项监管措施。2017 年上半年，监管部门集中治理了金融市场中的资金空转问题，并提出了防风险、促改革的指导性意见。随后，实质性的监管政策陆续发布，2018 年 4 月出台了《关于规范金融机构资产管理业务的指导意见》（以下简称"资产新规"），2018 年 9 月出台了《商业银行理财业务监督管理办法》（以下简称"理财新规"），2019 年 5 月出台了《中国银监会关于开展"巩固治乱象成果　促进合规建设"工作的通知》等监管文件（见表3-8）。

表 3-8　影子银行监管动态

发布时间	监管文件	主要影响
2016 年 4 月	《互联网金融风险专项整治工作实施方案》	规范对象涉及网络借贷、众筹、第三方支付交易等
2016 年 7 月	《商业银行理财业务监督管理办法（征求意见稿）》	对资金投向、杠杆控制、期限错配、投资比例、关联交易、合作机构管理等进行限制
2016 年 8 月	《网络借贷信息中介机构业务活动管理暂行办法》	分别将个人和企业通过网贷平台的总借款金额上限设为人民币 100 万元和人民币 500 万元
2016 年 11 月	《商业银行表外业务风险管理指引（征求意见稿）》	引导商业银行表外业务规范发展，加强商业银行表外业务风险管理
2017 年 4 月	《中国银监会关于银行业风险防控工作的指导意见》	明确了重点的风险监管领域，对同业融资规模进行管制
2017 年 5 月	《关于进一步规范银行理财产品穿透登记工作的通知》	明确协议委外必须通过登记系统对底层资产进行登记，并确保信息及时更新；遵循分层登记原则；严格禁止少登记和拆分登记；对相关主体的权责进行了明确
2017 年 12 月	《关于规范债券市场参与者债券交易业务的通知》	对债券代持、杠杆率等债券市场问题实施统一监管
2018 年 4 月	《商业银行大额风险暴露管理办法》	提升同业业务监管标准，引导银行业专注于主营业务
2018 年 4 月	《关于规范金融机构资产管理业务的指导意见》	制定全面的资产管理业务监管标准，进一步压缩监管套利空间
2018 年 5 月	《商业银行大额风险暴露管理办法》	控制商业银行非结构性贷款的集中度风险
2018 年 7 月	《关于进一步明确规范金融机构资产管理业务指导意见有关事项的通知》	设定公募资管产品投资范围，部署监管政策过渡期产品估值方法以及宏观审慎政策等
2018 年 9 月	《商业银行理财业务监督管理办法》	推动银行理财业务规范转型，促进统一资产管理产品监管标准，防范金融风险

发布时间	监管文件	主要影响
2018 年 12 月	《商业银行理财子公司管理办法》	要求各银行将其理财单位从母公司分拆出去，允许理财子公司销售公募理财产品，不设置销售起点金额
2019 年 1 月	《关于做好网贷机构分类处置和风险防范工作的意见》	有利于 P2P 行业中倒闭平台的有序清算
2019 年 5 月	《中国银保监会关于开展"巩固治乱象成果　促进合规建设"工作的通知》	继续严格监督管理常规银行和影子银行渠道向房地产开发商的放贷行为

资料来源：中国人民银行官网、国家金融监督管理总局官网、证监会官网。

一系列旨在防范化解金融风险的监管措施的推行，对影子银行规模的扩张起到了较大的抑制作用。根据中国银保监会政策研究局、统计信息与风险监测部课题组数据，自 2017 年初开始集中整治，影子银行规模从历史高位大幅下降。截至 2019 年，广义影子规模降至 84.80 万亿元，较 2017 年初的 100.4 万亿元的历史峰值缩减近 16 万亿元。影子银行占 GDP 的比例从 2016 年的 123%下降至 2019 年的 86%，降幅达 37 个百分点。狭义影子规模降至 39.14 万亿元，较 2016 年底缩减了 11.87 万亿元。同业理财在 2017 年初曾达到 6.8 万亿元的历史峰值，2019 年降至 0.84 万亿元。同业 SPV 投资由 2016 年底的 23.05 万亿元降至 2019 年末的 15.98 万亿元（见表 3-9）。同期，委托贷款和网络借贷 P2P 贷款分别由 13.20 万亿元、0.82 万亿元降至 11.44 万亿元和 0.49 万亿元。

表 3-9　部分高风险业务变动情况　　　　　　　　单位：万亿元

业务	2016 年	2019 年
同业理财	6.65	0.84
同业 SPV 投资	23.05	15.98
委托贷款	13.20	11.44
网络借贷 P2P 贷款	0.82	0.49

资料来源：国家金融监督管理总局官网、中国人民银行官网、网贷之家。

第四节 本章小结

本章首先介绍了国内外关于影子银行的界定，从金融机构监管套利、市场需求两方面介绍了美国影子银行产生的原因，并分析了中美两国影子银行的运行机制。其次，从金融中介视角、融资主体视角、投资主体视角介绍了中国影子银行产生的原因。最后，分三个阶段介绍了我国影子银行的发展历程，以及每个阶段影子银行的业务表现及监管实践情况。

自 2017 年金融监管从严以来，尤其是 2018 年 4 月"资管新规"推出以来，影子银行成为监管部门清理整治的重点对象。在监管部门逐步制定并执行整顿金融市场相关措施的大环境下，金融机构资产规模迅速扩张的势头得到控制，资金在金融体系内部空转套利、金融机构业务多层嵌套等现象得到抑制。市场环境相比于以往在规范性方面得以提升，金融体系内部的各种乱象均得到不同程度的遏制，风险水平由以往的较高水平逐步降至合理水平，关于影子银行业务的清理整顿行动获得了较好的效果，我国影子银行发展进入了新的时期，由以往规模快速扩张阶段逐步转向当前规模收缩的合理发展阶段。

第四章　中国货币政策操作框架的演变

我国中央银行的货币政策操作框架于 20 世纪 90 年代逐步完成搭建，中央银行根据我国经济发展与金融体制改革所处阶段，适时调整货币政策操作框架，推出符合金融形势的政策工具（梁斯，2018）。在计划经济时期，我国中央银行主要通过设定信贷规模、规定存贷款利率等行政命令式的直接性货币政策工具，引导金融机构的存贷业务开展，进而作用于实体经济以实现相应的政策目的（李方、段福印，2013）。在特定的历史阶段，行政命令式的直接调控工具为中央银行调控实体经济发挥了应有的调控作用。随着我国金融体制改革不断深化，1998 年中央银行放开信贷指导，逐步结束了行政命令式的货币政策调控框架，我国货币政策操作框架开始向间接调控模式过渡，价格型政策工具开始越来越多地被用于货币政策调控（梁斯，2017）。间接货币政策调控模式效力的发挥，需要多样化的金融机构和有一定深度及广度的金融市场的配合。

第一节　货币政策由直接调控向间接调控转变

中华人民共和国成立后，我国实行计划经济体制，并且持续了相当长一段时间，主要通过直接行政管理和人为干预的方式管理经济的运行，即使在实施改革开放政策后十几年，我国仍然没能够建立符合市场经济体制的现代化货币政策操作框架（周小川，2013），缺乏现代化的金融体系，在金融市场上占据绝对主导地位的金融机构主要是银行机构，其市场职能是对资金的流转运用起到监督作用，发挥着经济的出纳功能。在计划经济体制下，我国的金融体系处于"大一统"的管理模式下，中央银行在金融市场中同时发挥着中央银行和商业银行的职能，金融市场中的专业性银行机构也发挥着中央银行分支机构的职能。

自1984年起，中国人民银行开始专门行使中央银行职责，通过现金发行和信贷规模管理等直接调控方式进行货币政策调控，形成了信贷规模管理框架下的直接调控。随着我国市场经济体制的建立，金融市场得以快速发展，在金融资源的配置中市场因素的作用不断凸显，为我国货币政策调控向市场化转型奠定了基础。1994年我国逐步开始逐步降低信贷规模管控的使用频率及范围，并开始分层次统计货币供应量，1996年将货币供应量指标设定为中介目标，1998年中央银行撤销了信贷规模管理的行政调控手段，并且重新启用了公开市场操作（正、逆回购）业务，至此我国直接调控模式的货币政策框架完成了向间接调控模式框架的过渡（张晓慧，2015），形成了以广义货币供应量为中介目标、以维持物价稳定为最终目标、多种货币政策工具组合运用的数量型为主的货币政策调控框架（徐忠，2017）。

第二节　结构性流动性盈余操作框架的政策实践

一、结构性流动性盈余操作框架背景

2001～2013年，我国中央银行货币政策操作框架属于结构性流动性盈余框架。这一期间外汇占款不断大规模流入，中央银行在对冲过剩流动性的过程中处于被动地位，无法发挥主动调控市场流动性的能力，主要操作为提高准备金率以

冻结过剩流动性，并配合发行中央银行票据（以下简称"央票"）回笼流动性，引导市场利率走势的能力较弱。

2001 年底加入世界贸易组织（WTO）以后，我国经济发展逐渐摆脱了亚洲金融危机冲击所带来的负面影响，通货紧缩形势得以缓解，并进入经济周期上升阶段。在此后的十余年时间里，出口贸易为促进我国经济增长发挥了相当大的作用，贸易规模的大幅增加带动了外汇资产的迅速流入，中央银行为维持汇率处于平稳状态，通过持续购入外汇的手段来规避汇率的大幅波动，购汇所带动的基础货币供给使得市场流动性总量始终处于盈余状态，我国出现了经常账户与资本账户的持续双顺差和流动性过剩局面，外汇占款取代了再贷款成为我国中央银行在21 世纪初期发行基础货币的唯一渠道。由图 4-1 可知，进入 21 世纪后的十余年里，我国中央银行外汇占款规模处于持续不断上升状态。中央银行向市场供给流动性最为主要的渠道是外汇占款以及对其他存款性公司债权，其中外汇占款无论是规模还是增速均远高于另一种流动性提供渠道。从图 4-2 可以看出，我国货币政策在流动性盈余的操作框架下，外汇占款占据了中央银行总资产的大部分比例，几乎是中央银行向市场提供流动性的唯一渠道。

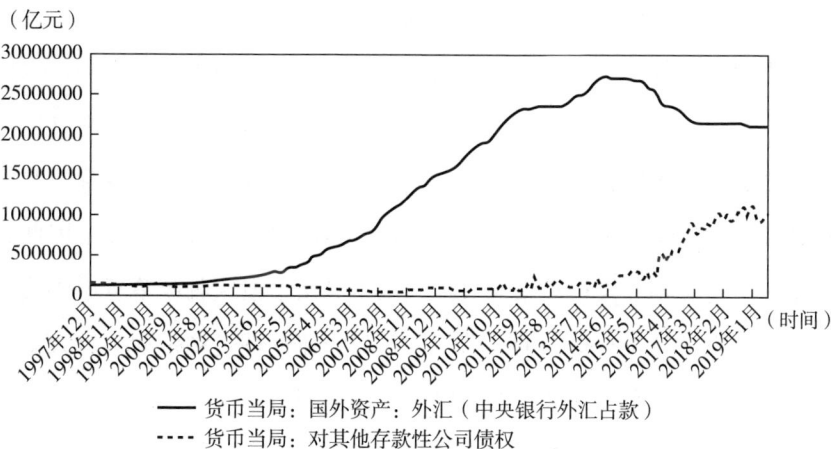

（亿元）

图 4-1　外汇占款、对其他存款性公司债权

资料来源：Wind 数据库。

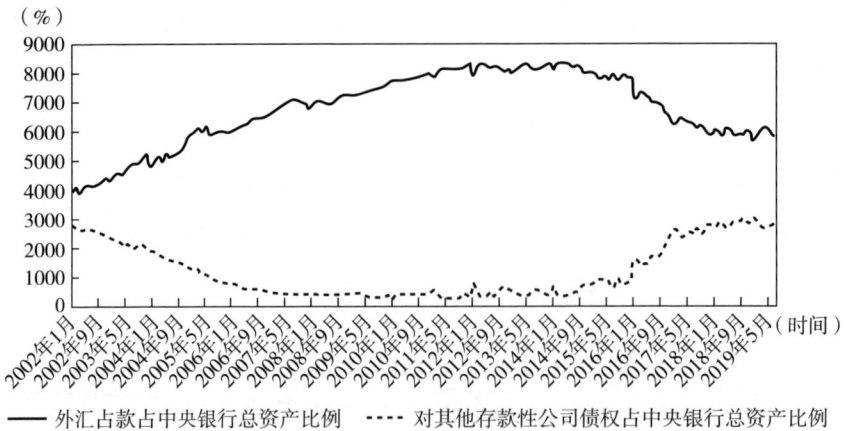

图4-2　外汇占款、对其他存款性公司债权占中央银行总资产比例

资料来源：Wind 数据库。

二、结构性流动性盈余操作框架特点

在流动性盈余的框架下，市场中的流动性始终处于过剩状态，回收流动性是中央银行进行政策操作的主要目标。在流动性盈余背景下，能够影响流动性供给的自主因素只有国外净资产的变动，而人民币汇率始终面临升值压力，因此商业银行有动力地将所持有的外汇资产出售给中央银行以规避人民币汇率升值可能造成的汇兑损失。中央银行购汇的同时向市场投放了相同数量的流动性，其中有很大比例的流动性属于中央银行本身流动性投放意愿之外的被动投放，因此其必然会借助提高准备金率、发行央票等其他政策工具及手段回收政策意愿供给之外的过剩流动性，以管理银行机构的经营行为，防止流动性过剩带动银行大幅扩张资产规模，引发价格水平大幅波动的风险。从商业银行与中央银行对于市场的地位来看，前者成为流动性供给方，占据了更加主动的位置，后者则成为资金融入方的"借款人"。当市场中出现除中央银行以外的其他流动性提供方时，中央银行在市场中的核心流动性管理角色被弱化。

一方面，中央银行对于过剩流动性的回笼会增加其财务负担；另一方面，通过提高存款准备金率、央票发行以及正回购等方式回笼流动性可能会提高银行负债成本，降低其对市场利率的调控能力。作为政策的制定者，中央银行在对市场流动性进行管理时居于被动角色，对其政策操作形成负面影响，致使其对银行机构业务经营的管理与引导能力降低，不利于货币政策目标的达成。

三、结构性流动性盈余框架下货币政策工具的使用

在结构性流动性盈余操作框架下，中央银行的政策调控目的是回笼过剩流动性，使市场流动性水平处于合理平稳状态，主要通过操作正回购、央票发行等各类借款工具以及提高法定存款准备金率对冲过剩流动性。从时间顺序来看，我国中央银行早期主要运用公开市场正回购操作回笼流动性，后续创设了央票发行工具用于冻结流动性。在通货膨胀率持续上升，以及中央银行进行政策工具操作的财务压力明显加大后，中央银行开始运用提高准备金率的手段冻结过剩流动性。

面对流动性过剩的局面，我国中央银行于2002年开始通过正回购回收流动性。从实际操作看，正回购的作用在于应对短暂的流动性盈余，如果中央银行主要通过正回购操作对冲流动性，可能引发政策工具利率的大幅提高，对其自身造成更大的财务成本压力。此外，正回购操作需要中央银行提供足够的抵押品，业务开展受到中央银行持债规模的限制，导致中央银行无法大规模开展回购操作进而回收流动性，因此该政策工具难以成为主要对冲手段。

2003年4月，我国中央银行开始通过公开市场发行央票，相比于正回购操作，央票流动性强且可以进行大规模业务操作，因而成为中央银行对冲流动性的主要手段之一。央票发行采用公开拍卖方式，市场化水平较高，同时具备灵活的期限设置，金融机构能够依据自身流动性状况进行决策。

央票在发行时使用公开拍卖的市场化方式进行，且具有不同的期限，商业银行可以根据自身流动性情况来决定是否需要参与央票拍卖。因此，央票的使用可

以实现"精准操作",在提高市场效率方面具有较大优势,不同期限央票的平稳到期也可以避免市场利率出现大幅波动。图4-3显示了央票余额的变化情况,可以看出央票余额出现了先升后降的情况。2008年及以前,央票余额处于不断增加趋势,也就是在回收流动性。2009~2013年,央票发行稳步退出,随着央票平稳到期,余额逐步下降,进而转向投放流动性。

（亿元）

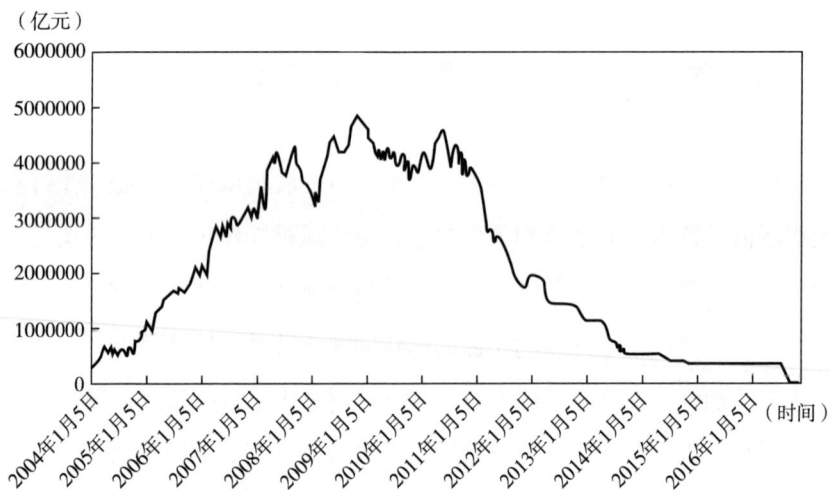

图4-3　央票余额变动情况

资料来源：Wind 数据库。

中央银行通过扩大央票发行规模回收流动性的同时,也通过调高存款准备金率的操作增加银行准备金需求,两者相互搭配构成了中央银行的流动性管理工具组合。提高法定存款准备金率在应对流动性盈余时有较大优势,是最为有效的冻结流动性的政策手段,但该操作属于总量政策,无法区分市场中存在的结构性问题,即使从2008年9月起我国中央银行对不同类型金融机构实施了差别存款准备金率政策,也仍可能会造成流动性在不同类型金融机构之间分布不均,加剧利率的震荡。如图4-4所示,金融机构存款准备金率由2003年的7%持续上调至2008年6月的17.5%。2008年全球金融危机爆发之后,我国推出了

"四万亿"刺激计划以提振经济，中央银行出于对经济过热的担忧，于2010年至2011年6月连续提高准备金率，大型与中小型存款类机构的准备金率分别达到了历史最高的21.5%与19.5%。而后，我国中央银行为应对热钱流出问题，于2011年12月开始实施降准操作，至2012年5月共降准3次，大型与中小型存款类机构的准备金率分别降至20%与18%，此后准备金率一直维持在高位水平。总体来看，上调并维持高存款准备金率是回收过剩流动性的主要方式。

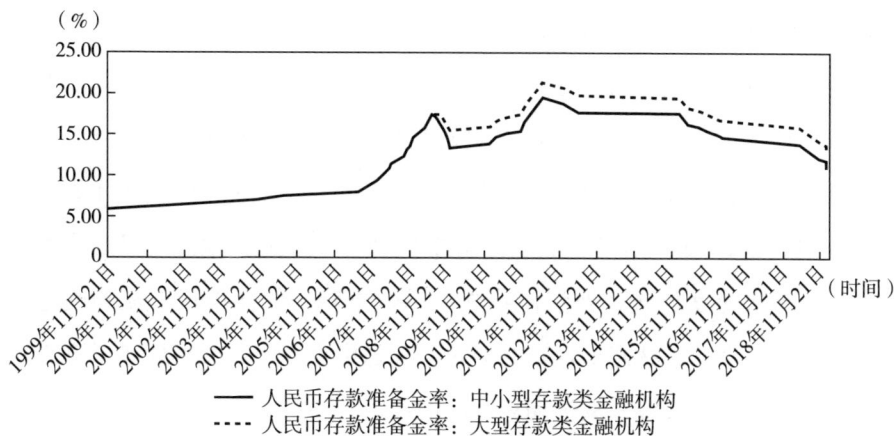

图4-4　人民币存款准备金率变动情况

资料来源：Wind 数据库。

在结构性流动性盈余操作框架下，我国经济高速增长，经常账户和资本账户长期处于顺差的状态，正回购、央票发行及存款准备金率等政策工具均有自身的优缺点，因此中央银行动用了上述三种工具进行流动性管理操作。

第三节　结构性流动性短缺操作框架的政策实践

一、结构性流动性短缺操作框架背景

在应对全球金融危机冲击后，要素禀赋和国际经济与金融环境发生了较大的变化，我国经济发展进入新常态，国内经济与金融环境也发生较大变化，长期困扰我国的外汇占款和流动性过剩格局明显改观。自 2013 年起，我国外汇资产流入速度开始放缓，其存量规模开始出现下降趋势，并出现了持续的资本账户逆差现象，特别是在 2015 年的汇率形成机制改革以后，外汇占款规模呈现大幅下降趋势。外汇流入速度放缓，外汇储备规模迅速下降，促使市场上流动性逐渐收紧，前期的流动性盈余状态出现新的变化，我国中央银行逐步摆脱了长期依靠外汇资产投放流动性的束缚，从被动对冲流动性盈余中解脱出来，逐步从早期的资金融入方变成了资金提供方，其投放流动性的方式也随之发生改变，并且不断推出创新性货币政策工具，以强化其在流动性管理中的核心角色，进而借助"紧平衡"的操作方式管理市场流动性投放和引导利率走向，对流动性进行主动管控的能力显著增强。在前期的流动性盈余时期，我国金融机构的资产规模持续以较高速度扩张，同时准备金率始终维持在高位，外汇占款的大幅下降引发的流动性短缺使得市场中流动性需求压力和缺口逐步变大，前期的流动性盈余状态开始转向流动性短缺状态，相应的中央银行货币政策操作开始向新的结构性流动性短缺框架过渡（梁斯，2018）。

二、结构性流动性短缺操作框架特点

区别于流动性盈余操作框架，中央银行处于市场核心地位以及市场中没有过剩的流动性盈余是结构性流动性短缺操作框架相较于前期最主要的特征。中央银行在市场中所扮演的角色越发重要，始终位于流动性提供者的贷方角色，在与市场中金融机构的博弈过程中能够处于主动位置，能够通过一系列主动性的政策工具对流动性进行精确调整以及对市场进行主动干预，避免出现非意愿流动性供给的增加。中央银行对金融机构行为的约束能力、对市场的影响及调控能力，以及应对突发的流动性大幅波动状况的能力等，皆有较大的提升。在该操作框架下，中央银行处于流动性供给与回收管理的绝对主导角色，利用准备金率构建流动性需求的缺口，以"紧平衡"的状态管理流动性。当市场中的金融机构扩张业务规模时，其将对流动性形成较高的需求，中央银行能够通过公开市场逆回购操作和货币政策调整等主动的方式对市场进行调控与引导，以间接影响金融机构的资产负债情况与经营行为，进而实现政策目标。

自 2013 年外汇资产流入开始放缓后，市场流动性状态发生逆转，高准备金率的政策约束效应日益明显，金融机构的流动性需求上升（见图 4-5，2013 年后金融机构的超额存款准备金率总体处于下降趋势），实施结构性流动性短缺操作的前提条件已经具备，中央银行创设了常备借贷便利（SLF）、中期借贷便利（MLF）、抵押补充贷款（PSL）等多种创新性政策工具，同时也加大了逆回购的操作，连续下调了存款准备金率（见图 4-4），用于向市场提供流动性，对其他存款性公司债权也逐步上升（见图 4-1，2015 年后上升趋势更为明显）。这些政策工具的使用具备很大的自主性，中央银行可以按照本身的政策倾向主动实施对应的操作工具，对金融市场的掌控能力以及对金融机构政策约束效应增强，流动性投放方式逐步由前期的被动转为主动。

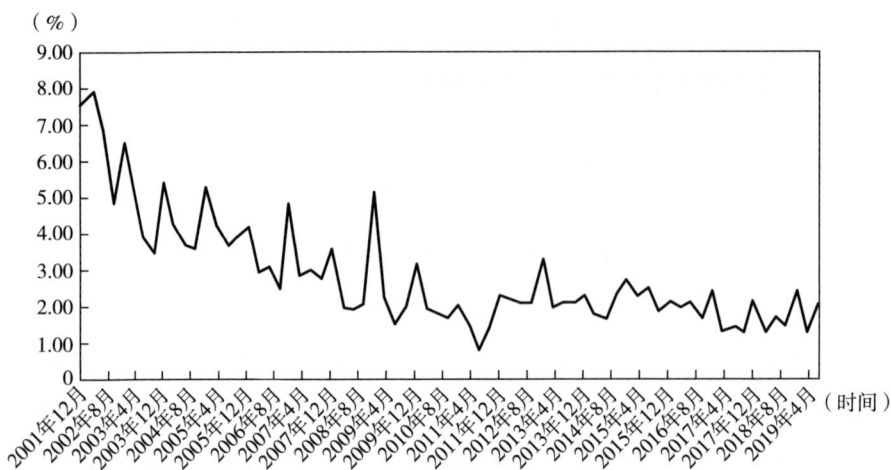

图 4-5　金融机构的超额准备金率变动

资料来源：Wind 数据库。

三、结构性流动性短缺框架下货币政策工具的使用

在结构性流动性短缺操作框架下，中央银行进行货币政策操作的工具组合主要是以高存款准备金率锁定金融机构准备金需求，以公开市场操作、再贷款等工具的运用满足准备金供给。具体来看，2012 年中央银行重启逆回购操作，2013年创设了短期流动性调节工具（SLO）、SLF，2014 年创设了 MLF、PSL，2017 年创设了临时流动性便利（TLF）等一系列短期流动性管理工具和中长期基础货币投放机制。同时，中央银行也通过连续下调法定存款准备金率、定向降准等方式向市场释放流动性。中央银行对于多种政策工具的创设以及组合运用，进一步强化了对于流动性管理的"削峰填谷"目标。除创新货币政策工具外，中央银行同样对原有政策工具进行完善，对存贷比指标、准备金考核制度、再贷款分类体系、抵押品框架等进行调整与完善，并将每周进行两次的公开市场操作提升至日度操作频率，较好地保障了流动性水平处于平稳状态，对于市场利率的影响能力

得以提升，这些措施的实施为经济与金融的稳定发展、价格水平的平稳以及经济结构的调整与升级奠定了适宜的政策环境（张晓慧，2017）。中央银行货币政策工具如表4-1所示。

表 4-1 中央银行货币政策工具

货币政策工具	政策工具简介	发起或决定方	利率决定方式
公开市场操作	7天、14天、28天等中短期限的正回购或逆回购	中央银行发起	价格招标或数量招标
央票	发行央票回收流动性	中央银行发起	价格招标或数量招标
短期流动性调节工具	1~7天，熨平突发性、临时性资金波动	中央银行发起	价格招标
常备借贷便利	1~3个月资金投放，满足金融机构临时或紧急流动性需求，构成利率走廊上限	金融机构主动申请	利率由中央银行决定
中期借贷便利	3月、6月、1年的中等期限资金投放，以优质债券作为质押品	中央银行发起	价格招标或者数量招标
抵押补充贷款	主要为支持棚户区改造的开发性贷款，长期限	中央银行发起	目标、数量、利率均由中央银行自定
再贷款	中央银行对金融机构的贷款	中央银行发起	目标、数量、利率均由中央银行自定
再贴现	对金融机构持有的未到期已贴现商业汇票予以贴现	金融机构主动申请	利率由中央银行决定

资料来源：中国人民银行。

在结构性流动性短缺框架下，中央银行组合运用常规及新型政策工具，通过"削峰填谷"操作思路实现了对市场流动性的精准调控，确保了流动性总体处于平稳状态，在金融监管逐步趋严的背景下，能够平抑金融"去杠杆"过程中市场利率的大幅波动，提升了中央银行对于市场利率的引导能力。同时，中央银行也开始尝试构建以市场为基础的利率调控框架，2015年11月引入了以SLF利率及超额存款准备金利率分别为上、下限的利率走廊机制。中央银行更加注重通过对公开市场操作利率和其他流动性政策工具利率等政策利率的安排，平抑利率的大幅波动并引导市场利率走势。如图 4-6 所示，自 2015 年以来货币市场利率波动幅度较前期流动性盈余框架下更小，中央银行平抑市场利率波动的能力提升，对于流动性价格和流向的调控效力得以增强。

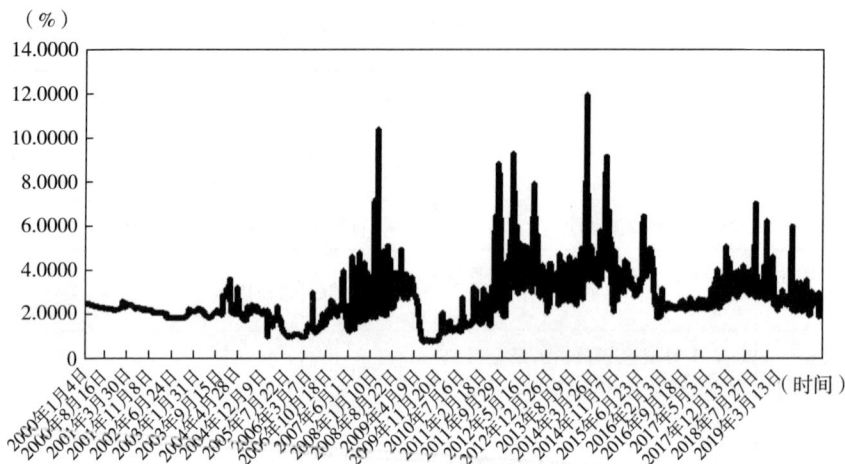

图 4-6　货币市场利率变化情况

资料来源：Wind 数据库。

　　总体来看，在结构性流动性盈余操作框架下，中央银行货币政策工具的使用以及流动性的投放更具自主性，利率调控机制的作用逐步得以发挥。但中央银行在该框架下进行操作仍面临一些问题。首先，对于创新性再贷款工具的运用，期限较短的工具面临着频繁到期与续做的问题，不同类型金融所拥有高质量抵押品规模存在差异，导致流动性在大型银行与中小型银行间分配不均，间接推动了同业业务的繁荣，拉长了资金传导链条。其次，中央银行对于准备金工具的运用，无论是全面降准还是定向降准，均属于总量政策，难以进行微调，需要和其他工具配合使用，且总体较高的准备金率抬高了银行负债成本，推升了利率中枢水平。最后，由于政策工具种类过多，各类工具之间的搭配组合、操作力度、期限搭配以及开停节奏等都需要中央银行做好精准的安排，因而加大了操作成本。

第四节 货币政策调控向利率工具为主转变

我国目前经济下行压力较大，降低实体经济融资成本的需求较为迫切，伴随着数量型调控有效性的下降，以及利率市场化的不断深化及利率调控机制的逐步完善，货币调控方式向价格型调控转变的必要性越发凸显。在 2018 年的政府工作报告中，以往关于货币供应量和社会融资规模的增速目标设定已不再被提及，且中央银行第一季度的货币政策执行报告中同样删去了"削峰填谷"的措辞，货币政策框架向价格型调控转型稳步推进。货币政策调控的数量方式及价格方式本身属于相互联动的两种操作，货币数量的合理稳定会关联作用于价格调控的效力，而货币价格水平的大幅波动同样能够导致货币数量的扭曲。事实上，在以往的货币政策操作框架下，我国中央银行向来重视并使用量价并重的调控方式，在保持市场流动性平稳的基础上，注重对利率水平的引导操作，不断推进利率市场化进程，建立并完善货币价格调控方式。我国于 2012 年 6 月首次批准存款利率上限的上浮，自 2013 年 7 月起全面放开金融机构贷款利率管制，并自 2015 年 10 月起取消对于存款利率浮动范围的管制，完成了名义上的利率市场化。2019 年 8 月 17 日，中央银行公告了新的贷款市场报价利率（LPR）形成机制，并进一步推动 LPR 在贷款定价中的应用，利率并轨工作开始稳步推进，利率市场化改革持续深化，货币价格型调控的基础在逐步完善。

近年来，我国中央银行在价格型调控机制构建方面进行了诸多探索与尝试。我国中央银行于 2015 年 11 月引入利率走廊机制，并在 2016 年 2 月宣布建立公开市场每日操作常态化机制，以提高对利率的调控能力。2017 年 7 月，中央银行投放 1 年期 MLF，淡化其作为主动流动性管理工具的作用。2018 年 6 月，中央银行扩充了 MLF 的担保品范围，以优化 MLF 分布结构，从而提高了 MLF 利率调控效率。2019 年，中央银行通过构建 LPR 机制将贷款利率直接与货币政策利率、货币市场利率进行一定程度的关联，形成一条新的利率传导途径，改善了利率传导机制。

现阶段，我国虽然已基本完成了利率市场化改革，名义上已经能够实现市场化定价，但是由于金融市场各项机制尚不成熟，现实中其实并未实现完全市场化，银行间市场利率难以有效地向存贷款利率传导。如图 4-7 所示，货币市场利率与信贷市场利率走势并不完全一致，甚至有背离现象出现，利率双轨局面在短期内无法消除。这也导致了价格型调控机制无法在短期内独自发挥作用。在价格型调控框架下，利率传导过程如图 4-8 所示，中央银行制定政策工具利率，影响货币市场利率，并继续传导至存款利率，叠加各类成本及因素形成银行的整体负债成本，最终影响贷款利率。究其传导过程，我国各层次利率传导中的主要问题是货币市场利率向存款利率传导不畅。银行从货币市场、存款市场获取资金的成本因国民储蓄习惯、监管规定以及银行自身偏好等因素而不同，两个市场之间的阻隔降低了利率传导效率。

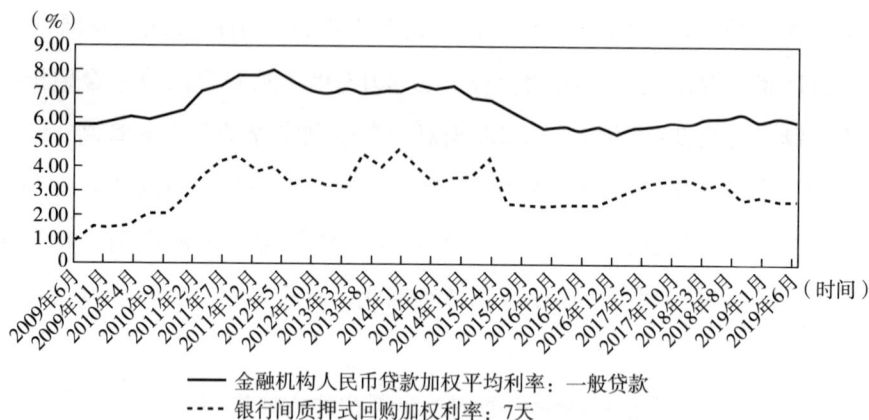

图 4-7　货币市场利率与信贷市场利率走势

资料来源：Wind 数据库。

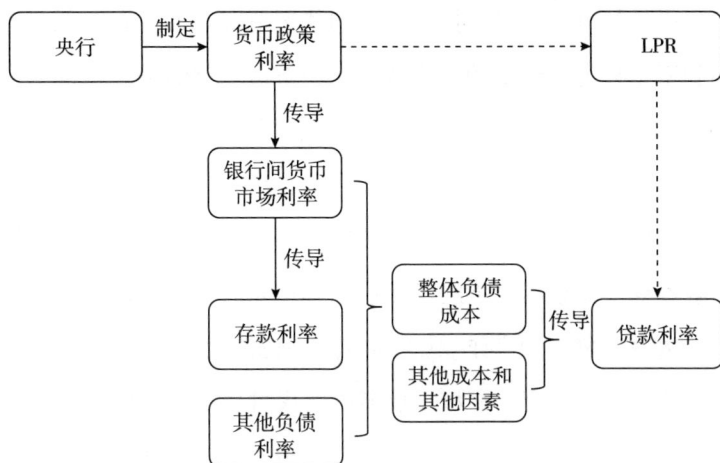

图 4-8 利率传导过程

资料来源：国信证券经济研究所。

总体来看，虽然目前我国尚未实现真正意义上的利率市场化，利率政策工具及传导机制的有效性仍需进一步提高，但是通过多年的金融体制发展与改革，以及在数量型调控模式和量价并重调控模式阶段所积累的实践经验，配合当前宏观经济形势的发展以及金融市场深度与广度的提升，我国已基本具备了向货币价格调控方式转型的必要条件。我国货币政策调控将逐步向利率工具为主转变，中央银行将逐步降低准备金率，并相应减少创新性货币政策工具的使用，公开市场操作与利率走廊调控的重要性将得到提升。

第五节 本章小结

本章先介绍了我国货币政策由直接调控向间接调控转变的历史背景，随后总结了我国中央银行所构建的结构性流动性盈余操作框架和结构性流动性短缺操作框架的背景、操作特点以及具体操作工具的使用情况。最后介绍了我国当前货币政策调控向利率工具为主转变的经济背景、利率市场化的进程、价格型调控机制的构建与探索，总结了我国当前价格型调控机制存在的问题。

在当前货币政策转型过渡时期，我国货币当局应当保持战略定力，确保政策的连续性和稳健性方向不能动摇。在发挥货币政策逆周期调控功能，保持货币供应量和社会融资规模增速与经济规模增速总体相当的同时，要避免重走以往依靠货币发行的"大水漫灌"式调控模式的老路，也要将杠杆水平维持在合理范围内，确保社会债务水平稳定，经济发展能够实现可持续。与此同时，也需要进一步从长期视角进行规划设计，并加大对经济结构进行调整优化的力度，从更深层次疏导货币政策传导渠道，提升传导机制效率，通过深化改革的手段解决企业融资难、融资贵的问题，推动经济高质量发展。

第五章　影子银行对货币政策
目标的影响

自 2017 年以来，为防范化解影子银行风险，"去杠杆"成为金融监管的主要任务，各类监管政策密集出台。2017 年上半年，监管政策对资金套利、空转等市场乱象进行了集中整治。2017 年下半年之后，各类监管文件陆续发布，如 2018 年 4 月发布的"资产新规"，2018 年 9 月发布的"理财新规"，2018 年 12 月发布的《商业银行理财子公司管理办法》等。监管从严对影子银行规模的扩张起到了较大的抑制作用，根据中国银保监会政策研究局、统计信息与风险监测部课题组数据，自 2017 年初开始集中整治，影子银行规模从历史高位大幅下降，广义影子银行规模由 2017 年初的 100.4 万亿元降至 2019 年的 84.80 万亿元，缩减近 16 万亿元。

当前，在金融监管从严的背景下，影子银行规模快速收缩，融资大量向表内回归，导致企业融资渠道收窄。关于影子银行规模快速收缩是否会对实体经济产生冲击，目前尚未达成统一的认识，更缺乏相关实证研究的支持。影子银行规模随金融形势以及监管形势变动，体现了影子银行运行的周期性特征，而现有文献对影子银行周期性的研究仍存在以下问题：第一，关于影子银行与经济周期关系的研究尚未达成一致性结论，若影子银行表现出顺经济周期性，则其能够部分抵消逆周期调控的货币政策效果，若影子银行表现出逆经济周期性，则其可能放大货币政策效应。第二，现有研究在影子银行对货币政策目标的影响方面仍有争议，未形成统一的结论。第三，现有研究在计量方法上多使用常系数线性模型，不利于揭示经济变量之间的非线性时变动态关系。

鉴于上述分析，本章拟从影子银行周期性的视角出发，将影子银行、经济周期以及货币政策目标等经济变量纳入统一的 TVP-VAR 模型，利用 2008 年 1 月至 2019 年 6 月的月度数据，对我国影子银行的周期性运行特征进行检验，并考察影子银行规模变动对货币政策目标影响的时变情况。

第一节　影子银行周期性波动机理

影子银行的金融中介功能与商业银行有一定的相似性，因此，其经营活动可能会表现出类似于商业银行信贷业务的周期性。总体来看，以下三个方面会引起影子银行规模的周期性变动。

第一，市场供需环境的周期性变动。从融资需求方角度来看，在经济上行时期，市场环境的向好会带动企业融资需求的上升，而商业银行的信贷供给面临着一系列的监管限制，不能完全满足经济主体的资金需求。此时，影子银行为了追求经营收入和利润的增加，会加快业务扩张步伐，从而填补了市场融资缺口，补充了商业银行信贷供给的不足，但也提高了融资成本。从金融中介机构角度来看，在经济上行时期，随着市场经营环境的好转，融资主体的财务状况趋于优化，市场总体违约率降低，对未来的积极预期以及较正规金融机构更低的监管标准等方面因素会促使影子银行部门主动扩张信用，加大流动性的供给，从而导致其规模扩张的顺周期性。当经济周期处于下行阶段时，市场经营环境趋于恶化，融资主体的财务状况恶化，影子银行为规避违约风险，会主动降低信用扩张速度，收缩流动性供给，表现出与经济周期同向变动趋势。此外，从影子银行经营的主要风险特征来看，资金的期限错配和交叉担保等问题突出，对其顺周期性有额外加强作用（刘海明、曹廷求，2016）。从投资需求方角度来看，经济上行时期往往会伴随着通货膨胀水平的提高，我国长期以来的利率管制使得名义存款利率较低，剔除通货膨胀影响后的实际存款收益进一步降低，而理财产品等影子银行投资产品能够提供比银行存款更高的利率，使得更多的资金由银行存款向影子银行产品转移。投资者对于经济上行时期更高投资回报的追求，拓宽了影子银行筹集资金的路径，强化了影子银行的顺周期运行特性。

第二，货币政策的周期性。我国的商业银行面临着一系列监管指标及贷款规模和投向的管制，这些监管限制了商业银行的信贷投放，同时也提高了银行的经营成本。在经济周期处于上行阶段时，中央银行为了防止经济过热通常会紧缩货币政策，如提高相应的监管指标要求或者直接对信贷规模及投向进行管制，以限制商业银行信用扩张能力。商业银行为了提高利润水平，有动机规避监管以降低紧缩性政策对其信用扩张能力的影响，而影子银行的业务模式特点使其成为商业银行监管套利的通道，这促使影子银行规模顺周期扩张。当货币当局利用加息等价格型调控手段抑制经济过热时，资金成本的提高在一定程度上会引起经济主体的逆向选择行为，不利于影子银行业务的进一步发展，但从影子银行的视角来看，利率的上升能够提升其资产业务的利润水平，从而促使影子银行更加积极地进行业务扩张。这些因素导致了影子银行表现出顺经济周期特性和逆政策周期特性。

第三，影子银行周期性对经济周期的正反馈机制。从宏观角度来看，影子银行的通道功能加快了资金在各经济部门之间的流通速度，对社会总需求有正向冲击作用。从微观角度来看，影子银行融资形成了无法通过正规金融体系进行资金融通的经济主体的投资及消费需求，影子银行产品更高的投资回报改善了投资者的资产负债表状况，进而通过财富效应扩大了消费需求，最终带动了总需求的扩张。因此，影子银行规模扩张的同时也能对经济周期产生正向冲击作用。

第二节　变量选取与实证模型

一、变量选取与数据来源

影子银行规模的测算参考王振和曾辉（2014）以及刘超和马玉洁（2014）的研究，即影子银行规模等于社会融资规模扣除人民币贷款、外币贷款（折合人民币）、企业债券、非金融企业境内股票融资之后的部分，由此得到的影子银行规模不仅包括商业银行主导的影子银行业务，即委托贷款、信托贷款和未贴现银行承兑汇票，还包括非银行类影子银行业务，如小额贷款公司贷款、民间借贷等，能够较为客观地反映其发展水平。经济周期指标的选择参考王金明（2012）的研究，使用宏观经济景气指数中的一致性指数（EC）表示宏观经济波动情况。由于在本书研究的样本期内我国尚未实现真正意义上的利率市场化及完全的价格型调控，货币供应量仍发挥着货币政策中介目标的作用，因此，货币政策中介目标和最终目标分别选择货币供应量、GDP 和 CPI。

我国影子银行自 2008 年后进入快速发展阶段，一致性指数能够查到的数据为截至 2019 年 6 月的月度数据，故选择 2008 年 1 月至 2019 年 6 月作为本书研究的样本期。数据频率为月度，所有数据均来自 Wind 数据库。

使用 Eviews 软件将季度 GDP 数据转换成月度数据。根据定基 CPI 对影子银行规模（SB）、货币供应量、转换后的月度 GDP 进行价格调整，以消除价格变动的影响，得到消除物价影响后的实际值。使用 Census X-12 方法对变量进行季节性调整，由于一致指数在指数编制中已经进行了季节调整，因此不用再对该变量进行季节性调整处理。对各变量进行取对数处理，以消除异方差性。对各变量进行单位根检验（ADF 检验），并对非平稳序列进行差分处理，经处理后的所有

序列在 5% 的显著性水平上均为平稳序列，可以进行模型构建，结果如表 5-1
所示。

表 5-1　各序列 ADF 检验结果

检验序列	t 统计量	1%临界值	5%临界值	10%临界值	P 值	检验结果
LNEC	0.417244	−3.483751	−2.884856	−2.579282	0.9830	非平稳
D（LNEC）	−4.219808	−3.483751	−2.884856	−2.579282	0.0009	平稳
LNM2	−2.981542	−4.027463	−3.44345	−3.146455	0.1413	非平稳
D（LNM2）	−3.98194	−4.028496	−3.443961	−3.146755	0.0115	平稳
LNSB	−2.079233	−4.027959	−3.443704	−3.146604	0.5522	非平稳
D（LNSB）	−4.436266	−3.479656	−2.883073	−2.578331	0.0004	平稳
LNGDP	−1.379522	−4.027463	−3.44345	−3.146455	0.8627	平稳
D（LNGDP）	−6.031045	−3.480038	−2.883239	−2.57842	0.0000	平稳
LNCPI	−2.188033	−4.033108	−3.446168	−3.148049	0.4917	非平稳
D（LNCPI）	−4.018866	−3.483312	−2.884665	−2.57918	0.0018	平稳

二、模型及适用性检验

参考方先明和权威（2017）构建的 TVP-VAR 模型，使用经济景气指数、货
币供应量、影子银行规模、GDP 和 CPI 构建 SVAR 模型，形式如下：

$$Ay_t = \varphi_1 y_{t-1} + \cdots + \varphi_p y_{t-p} + u_t, \ t = p+1, \ \cdots, \ n \qquad (5-1)$$

式中，y_t 为由经济景气指数、货币供应量、影子银行规模、GDP 和 CPI 构成
的 5×1 维列向量，A 及 $\varphi_1, \cdots, \varphi_P$ 均为 5×5 维的系数矩阵，p 为滞后期数，u_t
为 5×1 维结构冲击向量，且 $u_t \sim N(0, \Sigma\Sigma)$，$\Sigma$ 如下：

$$\Sigma = \begin{bmatrix} \sigma_1 & 0 & 0 & 0 & 0 \\ 0 & \sigma_2 & 0 & 0 & 0 \\ 0 & 0 & \sigma_3 & 0 & 0 \\ 0 & 0 & 0 & \sigma_4 & 0 \\ 0 & 0 & 0 & 0 & \sigma_5 \end{bmatrix}$$

为保证模型的可识别性，令 A 为下三角矩阵，具体如式（5-2）所示，$B_i = A^{-1}\varphi_i$，$i=1$，…，p，则式（5-1）可以写成式（5-3）的形式：

$$A = \begin{bmatrix} 1 & 0 & 0 & 0 & 0 \\ \alpha_{21} & 1 & 0 & 0 & 0 \\ \alpha_{31} & \alpha_{32} & 1 & 0 & 0 \\ \alpha_{41} & \alpha_{42} & \alpha_{43} & 1 & 0 \\ \alpha_{51} & \alpha_{52} & \alpha_{53} & \alpha_{54} & 1 \end{bmatrix} \tag{5-2}$$

$$y_t = B_1 y_{t-1} + \cdots + B_p y_{t-p} + A^{-1}\Sigma \varepsilon_t, \quad \varepsilon_t \sim N(0, I_5) \tag{5-3}$$

进一步将式（5-3）写成如式（5-4）所示：

$$y_t = X_t \beta + A^{-1}\Sigma \varepsilon_t \tag{5-4}$$

其中，β 为系数矩阵，$X_t = I_5 \otimes (y'_{t-1}, \cdots, y'_{t-p})$，$\otimes$ 表示克罗内克积。

式（5-4）中的所有参数均为固定值，且构成 y_t 向量的变量排序不能随意变动。然而，各研究变量之间的经济关系可能会随着经济发展阶段的不同而发生改变，如式（5-4）所示的常规固定参数模型则无法准确描述各经济变量间联动关系的时变特征。为弥补固定参数模型的不足，令式（5-4）中的所有参数均具有时变性，则可得到如式（5-5）所示的 TVP-VAR 模型，该模型能够反映出各变量间相互作用的动态时变特征，且不区分内、外生变量，可以减少先验错误的风险。

$$y_t = X_t \beta_t + A_t^{-1}\Sigma \varepsilon_t \tag{5-5}$$

令 α_t 表示三角矩阵 A_t 中非 0 和非 1 元素组成的列向量，$h_t = (h_{1t}, h_{2t}, h_{3t}, h_{4t}, h_{5t})'$，其中 $h_{jt} = \log\sigma_{jt}^2$，$j=1, 2, 3, 4, 5$，$t=p+1$，…，$n$。令各参数服从随机游

走过程：$\beta_{t+1}=\beta_t+u_{\beta t}$，$\alpha_{t+1}=\alpha_t+u_{\alpha t}$，$h_{t+1}=h_t+u_{ht}$，$\begin{pmatrix} \varepsilon_t \\ u_{\beta t} \\ u_{\alpha t} \\ u_{ht} \end{pmatrix} \sim N\left(0, \begin{bmatrix} 1 & 0 & 0 & 0 \\ 0 & \Sigma_\beta & 0 & 0 \\ 0 & 0 & \Sigma_\alpha & 0 \\ 0 & 0 & 0 & \Sigma_h \end{bmatrix}\right)$。

式中，β_t 为滞后期变量与当期之间的时变关系，α_t 为同期变量之间的时变关系，h_t 为外生的随机波动，Σ_β、Σ_α、Σ_h 为对角矩阵，时变参数之间的信息扰动是不相关的。

借鉴 Nakajima（2011）提出的 MCMC 算法对以上模型中的参数进行估计。$y=\{y_t\}_{t=1}^n$，$w=\{\Sigma_\beta,\ \Sigma_\alpha,\ \Sigma_h\}$，$\pi(w)$ 是先验概率密度。给定数据 y，对后验分布 $\pi(\beta,\ \alpha,\ h,\ w\,|\,y)$ 进行如下步骤的抽样：

第一步，初始化 β、α、h、w；

第二步，给定 α、h、Σ_β、y，对 β 进行抽样；

第三步，给定 β，对 Σ_β 进行抽样；

第四步，给定 β、h、Σ_α、y，对 α 进行抽样；

第五步，给定 α，对 Σ_α 进行抽样；

第六步，给定 β、α、Σ_h、y，对 h 进行抽样；

第七步，给定 h，对 Σ_h 进行抽样；

第八步，返回第二步，重复进行抽样。

设定先验分布的初始值：$\mu_{\alpha 0}=\mu_{\beta 0}=\mu_{h0}=0$，$\Sigma_{\beta 0}=\Sigma_{\alpha 0}=\Sigma_{h0}=10\times I$，且 $(\Sigma_\beta)_i^{-2} \sim Gamma\ (40,\ 0.02)$，$(\Sigma_\alpha)_i^{-2} \sim Gamma\ (4,\ 0.02)$，$(\Sigma_h)_i^{-2} \sim Gamma$（4，0.02）。为获得模型参数估计值，运用 OxMetrics6.0 软件进行 10000 次模拟，得到如表 5-2 所示的参数估计结果和如图 5-1 所示的样本自回归系数、路径及后验分布的概率密度函数。可以看出，样本数据具有平稳性，参数收敛于后验分布，最大无效因子值显著小于抽样次数。综上分析，本书所构建的 TVP-VAR 模型具有适用性，可以用于下文的检验分析。

表 5-2　参数估计结果

Parameter	Mean	Stdev	95%L	95%U	Geweke	Inef
sb1	0.0235	0.0028	0.0189	0.0297	0.733	5.85
sb2	0.0229	0.0026	0.0185	0.0284	0.965	7.11
sa1	0.0785	0.0312	0.0419	0.1563	0.385	73.98
sa2	0.0860	0.0367	0.0430	0.1809	0.274	90.89
sh1	0.4856	0.0714	0.3626	0.6391	0.142	16.99
sh2	0.5239	0.0665	0.4093	0.6664	0.876	37.30

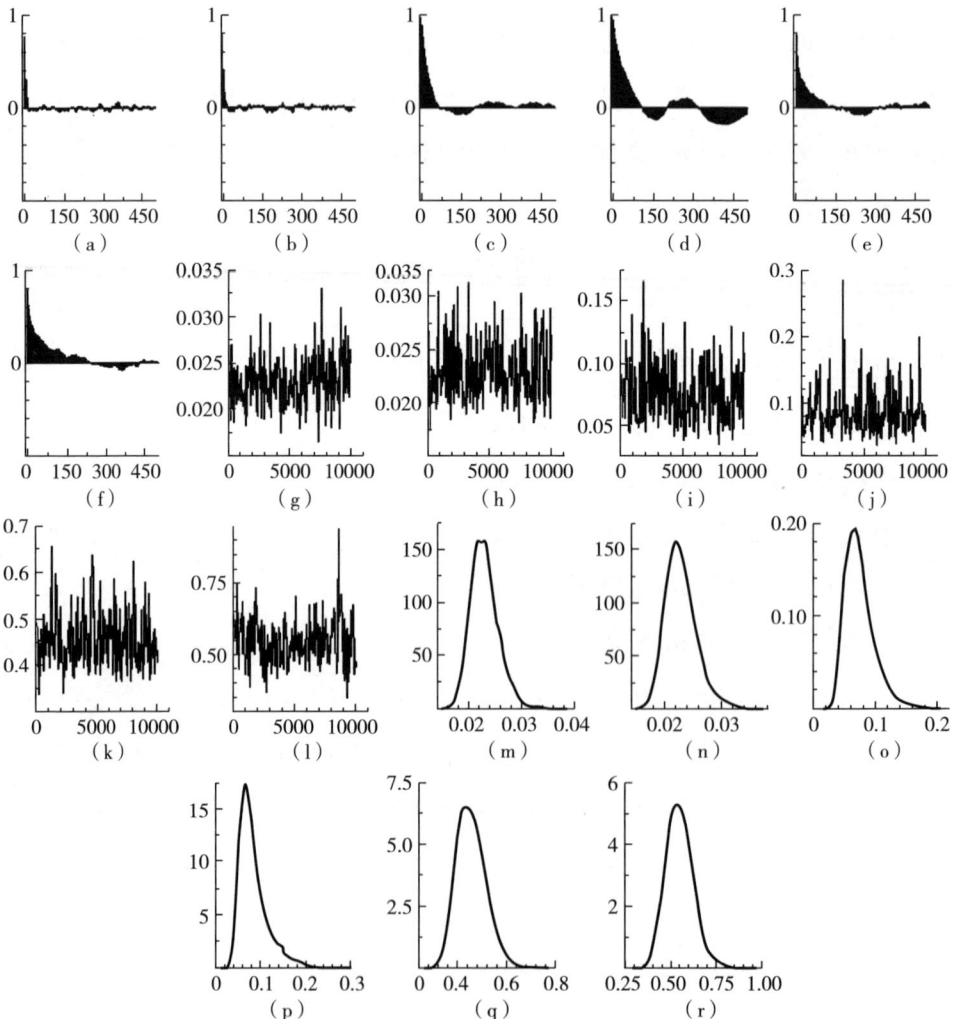

图 5-1　样本的自回归系数、路径及后验分布概率密度函数

第三节 实证检验结果

一、影子银行周期性检验

使用滞后期分别为4期、8期和12期的等间隔脉冲响应函数，分析影子银行对经济周期变量冲击的时变脉冲响应情况。如图5-2所示，滞后4期、8期两条等间隔脉冲响应图的走势在2013年之前总体上为正值，说明在此期间影子银行具有一定的顺经济周期特征。2013～2016年，滞后4期脉冲响应值由正转负，滞后8期、12期脉冲响应函数在此期间也处于负值区间。2013～2016年脉冲响应函数总体处于负值区间，说明影子银行的周期性发生了转变，由之前的顺经济周期转变为逆经济周期特性。2016年以后，滞后4期、8期、12期脉冲响应函数均转变为正值，且走势为逐渐上升，说明影子银行由逆周期再次转为顺周期运行，且

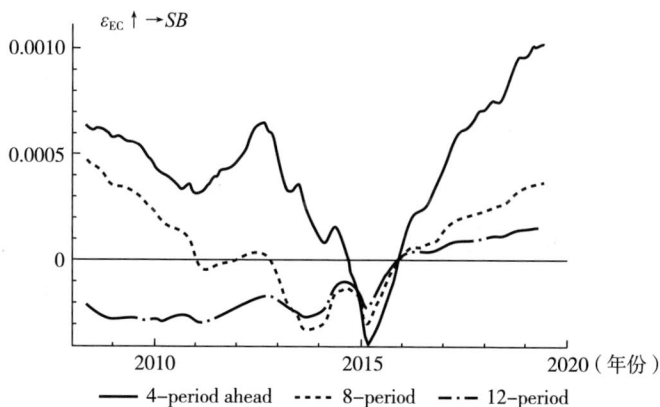

图5-2 影子银行对经济景气指数冲击的等时间间隔脉冲响应

顺周期特征不断加强。脉冲响应函数图形的波动性走势也表明了影子银行周期性具有时变特征。

具体来看，2008~2011 年，影子银行对经济周期变量冲击的响应值总体上呈现逐渐下降趋势，主要原因可能是由于受到 2008 年全球金融危机的影响，我国的经济增速由前期高位开始下滑，在此期间表现出顺经济周期特征的影子银行受到经济增速下滑的影响，对经济周期变量冲击的反馈幅度不断下降。2011~2013 年，影子银行对经济周期变量冲击的脉冲响应值处于上升趋势，主要原因是我国为应对 2008 年全球金融危机的冲击而采取的扩张性货币与财政政策开始发挥作用，经济增速开始企稳回升，随后带动了影子银行的发展，影子银行规模在此期间也逐步扩张。2013~2016 年，滞后 4 期、8 期脉冲响应值由正转负，分别达到各自最大负向响应值后开始回升，负向效应减弱；滞后 12 期脉冲响应函数则在负向区间内波动上升，负向响应逐步减弱。由此可见，2013~2016 年，影子银行由顺经济周期性转变为逆经济周期性。在此期间，中国经济由以往的高速增长转向中高速增长，经济发展进入新常态，经济发展中的结构性问题较为突出。同时，由于影子银行规模的快速扩张，其高杠杆性所带来的风险越发引起监管部门的注意。监管机构持续采取监管措施规范影子银行发展，影子银行的透明度得以提升。监管的趋严也使得影子银行借贷的结构发生变化，开始提高对资本市场的投资比例，传统的影子银行信贷业务受到影响。这些因素促成了影子银行由顺周期性向逆周期性转变。2015 年以后，影子银行对经济周期变量冲击的各脉冲函数负向响应均处于不断减弱趋势，影子银行的逆经济周期特征趋于弱化，并于 2016 年起，滞后 4 期、8 期、12 期脉冲响应函数全部转为正值，影子银行由逆周期运行转变为顺周期运行。2015~2016 年，构成影子银行活动的各类非常规信贷呈现强劲增长态势，影子银行规模持续膨胀，占 GDP 的比例迅速攀升，这导致了影子银行逆周期性的减弱，并向顺周期性转变。2016 年下半年以后，监管部门为了防控高杠杆带来的金融风险，开始实施"去杠杆"政策，在持续的监管整顿之下，影子银行规模增速得以控制，影子银行资金空转套利行为受到严格监管。在"去杠杆"的大背景下，影子银行资金对于实体经济的传导效率得以提升。因此，2016 年以后，影子银行对经济周期变量冲击的脉冲响应转为正值并处于上升趋势，顺经济周期特征开始强化。

图 5-2 表明，在样本期内，我国影子银行由顺周期性转变为逆周期性，并再次由逆周期性转为顺周期性，且顺周期特征逐渐增强。同时，影子银行对经济周期变量冲击的响应幅度表现出时变特征，因所处经济周期阶段的不同而变动。市场需求的变化、货币政策的影响以及影子银行与经济周期的相互作用，都是影子银行周期性发生转变的重要原因。影子银行在顺经济周期发展阶段，会削弱逆周期调控的货币政策效应，而在逆经济周期发展阶段，则可能会增强货币政策的调控效果。影子银行的周期性变动加大了货币政策平抑经济周期波动的难度。

二、影子银行对货币政策中介目标的影响检验

图 5-3 显示了货币供应量对影子银行变量冲击的脉冲响应函数图形，可以看出，2009~2016 年，脉冲响应函数总体走势处于负向区间，而在 2009 年以前及 2016 年以后，脉冲响应函数总体处于正向区间。当脉冲响应函数处于负向区间时，影子银行规模扩大会造成货币供应量的减少，这说明影子银行所创造的流动性未能体现在货币供应量指标中，对该指标产生了分流作用，使得统计指标不能准确反映整个社会流动性状况，从而导致以货币供应量为中介目标的货币政策调控受到影响。而当脉冲响应函数处于正向区间时，影子银行扩大了货币供应量，同样不利于中央银行对于货币供应量指标的精准调控。同时，脉冲响应曲线的走势体现了影子银行对货币供应量指标影响的时变特征。

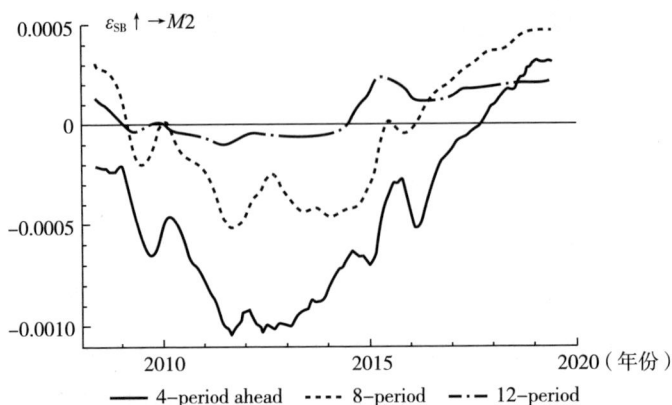

图 5-3　货币供应量对影子银行冲击的等时间间隔脉冲响应

具体来看，2008~2012 年，货币供应量对影子银行冲击的响应总体上逐步由正向响应转为负向响应，且负向响应逐渐加强。在这期间，我国的影子银行处于从无到有、逐渐发展的状态，随着影子银行规模的扩张，其对货币供应量的分流作用越来越大，表现为脉冲响应函数的负向效应处于不断加强趋势。2012~2016年，货币供应量对影子银行冲击的负向反馈效应逐渐减弱。在此期间，中国影子银行规模继续以高于名义 GDP 的增速快速增长，但商业银行信贷增速已高于影子银行信贷增速。2014 年以后，随着影子银行规模占银行业总资产的比例迅速提升，监管层开始关注其高杠杆、期限错配以及不透明性等风险特征，并相继推出多项监管措施以规范影子银行业务，影子银行规模高速增长态势有所缓和。这些因素导致货币供应量对影子银行冲击的负向响应减弱，影子银行对货币供应量的分流作用减弱。2016 年后，随着整体信贷向商业银行回流，影子银行的增长速度与名义 GDP 增速趋同。此后，在"去杠杆"的大环境下，监管部门逐步出台了一系列的监管措施控制影子银行的扩张，减少了资金通过影子银行在金融体系内加杠杆的行为，影子资金流向实体经济的效率得到提升，总体社会融资活动处于向表内回归趋势。这些因素使得影子银行对于货币供应量的分流作用减弱，货币供应量对于影子银行的冲击逐步表现出正向响应。

三、影子银行对货币政策最终目标的影响检验

如图 5-4 所示，CPI 对影子银行变量冲击的等间隔响应值总体为正，表明影子银行规模的扩张能够引致通货膨胀水平的上涨。如图 5-5 所示，GDP 对影子银行正向冲击的脉冲响应函数图形总体上类似于影子银行对经济周期变量冲击的脉冲响应情况，结果由正转负并再次转变为正值。

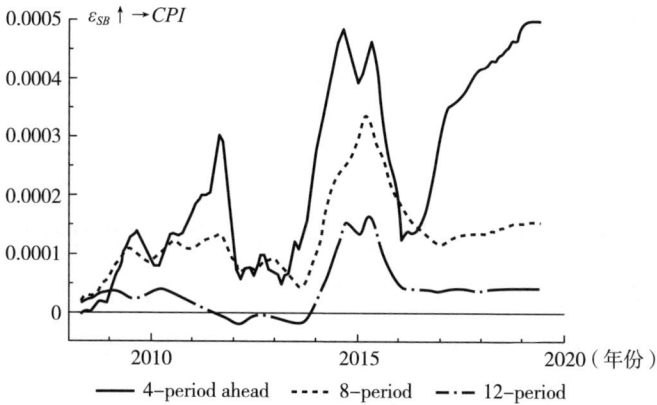

图 5-4　CPI 对影子银行冲击的等时间间隔脉冲响应

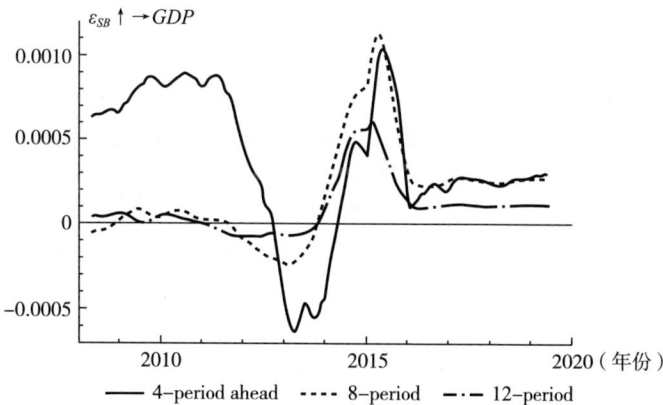

图 5-5　GDP 对影子银行冲击的等时间间隔脉冲响应

具体来看，2008 年至 2012 年上半年，GDP 对影子银行冲击的响应值总体为正，此阶段影子银行规模的扩张能够促进经济增长。2012 年下半年至 2014 年上半年，GDP 对影子银行冲击的脉冲响应转为负值，影子银行规模的变动不利于经济增长，主要是由于在此期间影子银行的周期性发生了转变，由顺周期性转为逆周期性，相应地，其对经济增长的影响机制也由促进作用转变为抑制作用。2014 年下半年以后，GDP 对影子银行冲击的脉冲响应逐步转为正值，并在 2015 年上半年达到最大正向响应值，随后脉冲响应函数开始回落，并于 2016 年以后处于平稳的正向响应状态。原因可能是，2014 年以后影子银行逆周期性逐步减弱并向顺周期性转变，使得影子银行对 GDP 的影响作用由前期的抑制作用转为促进作用。2016 年以后，随着金融监管从严，GDP 对影子银行冲击的脉冲响应函数处于平稳状态。

总体来看，影子银行对 CPI 具有正向冲击效应，即影子银行能够提高通货膨胀水平；影子银行对于 GDP 的影响，则根据影子银行的周期性阶段有所不同，影子银行周期性特征的转变会导致其对经济增长的影响机制发生变化。影子银行周期性的变动，带来了其对货币政策最终目标的不同影响效应，这无疑加大了货币政策的调控难度，影响了对最终目标的调控效果。

近年来，我国对于影子银行的监管不断加强，特别是 2018 年《关于规范金融机构资产管理业务的指导意见》发布以来，影子银行的发展受到了较大的限制，规模迅速收缩，社会融资整体向表内回流，这加剧了各界对于实体经济是否会受负面影响的担忧。如图 5-5 所示，从 GDP 对影子银行冲击的脉冲响应函数来看，2018 年以后 GDP 对影子银行冲击的脉冲响应并没有因为影子银行规模收缩过快而发生大幅波动，始终处于平稳状态。如图 5-4 所示，从 CPI 来看，2018 年以后滞后 8 期、12 期的脉冲响应函数均保持平稳状态，滞后 4 期的脉冲响应函数出现了一定的上升趋势，影子银行对 CPI 的影响有一定增强。从货币政策最终目标来看，我国金融监管从严导致的影子银行规模收缩，对于经济增长没有明显的负面影响,但在一定程度上提升了通货膨胀率的波动性,不利于价格水平的平稳。

第四节　本章小结

本章首先从市场需求与供给的周期性、货币政策的周期性以及影子银行规模变动的周期性与经济周期性的互动关系三个方面,对影子银行的周期性波动机理进行解释。其次,通过构建 TVP-VAR 模型,利用 2008 年 1 月至 2019 年 6 月宏观经济变量数据,实证研究了我国影子银行的周期性运行特征,分析了其对我国货币政策目标的影响情况,并讨论了近年来金融监管从严导致的影子银行规模收缩对实体经济的影响。根据时变脉冲响应图形分析,得出以下结论:

第一,在研究的样本期内,影子银行运行的周期性发生了转变,由顺周期性转变为逆周期性,并再次由逆周期性转变为顺周期性,且影子银行的周期性表现出时变特征。

第二,2016 年上半年之前,影子银行对货币供应量总体上起到分流作用,而之后的金融监管从严阶段,影子银行则扩大了货币供应量。

第三,从货币政策最终目标来看,影子银行对 CPI 具有推升效应,但随着影子银行周期性特征的转变,其对经济增长的影响随之发生改变。总体来看,影子银行在顺周期运行阶段能够促进经济增长,而在逆周期运行阶段会抑制经济增长。

第四,近年来监管从严导致的影子银行规模快速收缩对于经济增长没有产生明显的负面影响,但在一定程度上提升了通货膨胀率的波动性,不利于价格水平的平稳。

本章通过使用 TVP-VAR 模型解决了本书的第一个研究问题,从影子银行周期性角度检验了影子银行周期性运作特征及其对货币政策目标的影响。同时，由于 TVP-VAR 模型的参数具有时变性，可以对不同阶段各经济变量的时变动态关系进行较好的拟合，因此可以在同一个模型中讨论监管从严导致的影子银行规模收缩对于实体经济的影响相较于前期规模扩张阶段的不同之处。

第六章 影子银行对货币政策 工具的影响

现阶段我国经济已从高速增长阶段转向高质量发展阶段，以数量型为主的货币政策调控模式在我国经济高速增长阶段发挥了重要的调控作用，但随着金融创新的不断出现，影子银行已成为金融市场重要组成部分，金融结构和金融产品日趋复杂，加之利率市场化改革的持续推进和初步完成，以往的数量型调控模式在新时期新阶段已经难以完全发挥调控实体经济的能力，货币供应量指标与主要金融变量的关联程度日趋降低，数量目标的局限性开始显现，已不适应经济高质量发展的内在要求，单纯依靠数量型调控模式已不足以胜任现阶段货币政策调控任务（易纲，2018），我国货币政策调控方式应该从以货币数量调控为主转向以货币价格调控为主。近年来，我国中央银行多次表态，由于货币供应量指标的影响因素过于复杂，因此不宜对货币供应量的变动过度敏感（2018 年，我国不再公布货币供应量和社会融资规模数量目标），而是要更多关注利率价格指标，货币政策调控模式转型的趋势越发明显。

关于货币政策调控量价转型的讨论由来已久，我国中央银行也针对流动性管理和市场利率引导进行了大量技术性准备和理论研究工作（牛慕鸿等，2017）。我国经济发展进入新常态以来，中央银行货币政策调控模式从过去被动对冲市场过剩流动性中解脱出来，并不断推出多种创新性政策工具，强化自身主动性调控能力，同时加强价格型调控机制的构建与完善，积极推动货币政策向价格型调控过渡，研究与构建利率走廊调节机制，更深入地疏通与完善货币政策传导机制，中央银行对市场利率的调控与引导能力逐步上升。当前，我国货币政策调控量价转型已是金融形势发展的大势所趋，而作为金融市场重要组成部分的影子银行也是该趋势的重要影响因素之一。因此，在货币政策量价转型的背景下，讨论影子银行对不同货币政策框架下政策工具调控效果的影响，更具有理论及实践意义。

现有关于该领域的研究，多是直接进行各政策工具效果的对比分析，而在不同的货币政策调控框架下，同一政策工具可能发挥着不同的调控作用。同时，现有研究影子银行对货币政策工具调控效力影响的文献，多是考虑常规政策工具，在研究中缺乏对新型政策工具的涉及。因此，本章将分别构建数量型、价格型框架下货币调控模型，研究影子银行对不同类型货币政策调控框架下同一政策工具调控效力的影响，以及对同一调控框架下不同政策工具调控效力的影响，同时将新型政策工具纳入研究框架。

第一节　影子银行对货币政策工具调控的影响

货币政策工具主要有一般性工具、选择性工具以及信用控制三大类，一般性工具主要包括法定存款准备金制度、公开市场操作、再贴现政策、利率政策工具，是中央银行的常规政策工具，操作效果可能会受影子银行的影响较大。

首先是对存款准备金制度的影响。法定存款准备金制度是中央银行对商业银行信用创造能力进行调控的一种工具，对于货币供应量的影响较其他工具更大，但是该政策工具主要是对吸收公众存款的商业银行进行调控。然而，影子银行能够以其特有的业务运作方式避开该制度的限制，从而削弱了中央银行法定存款准备金工具对流动性的调控效力。从金融机构负债端角度看，各类影子银行投资产品具有变相吸收公众存款资金的功能，从而对商业银行存款业务起到替代作用，原存款资金由银行资产负债表内转移至表外影子银行，导致存款规模占银行总负债的比例降低，最终降低了开展影子银行业务的商业银行所缴纳的法定存款准备金数量。从资产端视角看，由于避开了存款准备金制度的约束，影子银行能够将所吸收的存款资金完全用于资产业务，从而扩大货币乘数，其结果就会导致法定存款准备金对信贷规模扩张的调控作用下降。

其次是对公开市场操作的影响。公开市场操作主要包括正、逆回购两种政策工具，即中央银行在公开市场上以买卖有价证券的方式向市场投放或回收流动性，从而达成调控货币供应量的目的。公开市场操作的调控效果取决于影子银行运行对货币供应量的影响。影子银行能够在一定程度上弥补资金的供需缺口，即使中央银行通过正回购业务进行紧缩性操作，金融机构仍可以以更高的资金成本通过影子银行获取资金，导致中央银行紧缩性公开市场操作效力下降。同时，当中央银行通过逆回购业务进行扩张性操作时，金融机构也可以将获取的资金用于影子银行业务进行规模扩张，再叠加不受存款准备金限制的因素，会进一步增强宽松政策的效力，最终导致公开市场操作对货币供应量调控的有效性下降。

再次是对再贴现率的影响。再贴现率是商业银行向中央银行贴现票据以获得流动性时被扣除的费率，中央银行通过调整再贴现利率能够引导市场利率的走向以及货币市场的供需状况，其有效性取决于商业银行对中央银行再贴现融资的依赖程度。影子银行的出现使得商业银行完全可以通过其他渠道来获得所需的资金，对资金需求的利率弹性下降，对再贴现率的调整越来越不敏感，再贴现工具的效力大幅降低。

最后是对利率政策工具的影响。我国已基本完成了利率市场化改革，名义上已经能够实现市场化定价，但是由于金融市场各项机制尚不成熟，现实中并未实现完全市场化，货币当局对利率管制情况仍然存在。影子银行系统内部金融资产本身就是规避监管、追逐利润的市场化结果，丰富了金融市场的产品，增加了市场的广度和深度。因此，影子银行利率的变动很可能会加强整个市场不同利率之间的联动性，从而对中央银行的管制利率政策形成冲击，如银行理财产品、信托贷款等影子银行业务能够避开存贷款基准利率的限制。而对于创新性的政策工具，如 MLF 等，其利率的形成方式是市场化的价格招标或者数量招标，因此该政策工具利率更容易与影子银行利率形成互动，影子银行能够提升此类政策工具对于市场利率的调控能力。综合来看，影子银行能够降低管制利率工具的调控效力，并提升市场化利率工具的有效性。

第二节　研究方法

在 VAR 模型中，变量之间的当期相关关系被隐藏在误差项中，无法获取当期变量间相关关系的具体形式，不利于有效地解释各变量之间的相互影响机制。SVAR 模型不仅具有 VAR 模型的所有优点，而且它在一般 VAR 模型基础上加入内生变量之间的当期关系，把隐藏在误差项中变量间的当期关系提取出来，并根据相关经济理论设置变量的当期关系，因而对实际经济运行状况具有更强的解释能力，使模型的经济意义更加准确，同时也能够避免 VAR 模型中参数过多的问题。在政策工具的调控过程中需要考虑货币政策经由货币市场向中介目标的传导，所以本章研究选择 SVAR 模型，该模型对实际政策工具调控过程具有更强的解释能力和良好的经济理论基础。

考虑 k 个变量的情形，p 阶 SVAR 模型的表达式可以写成：

$$C_0 y_t = \Gamma_1 y_{t-1} + \Gamma_2 y_{t-2} + \cdots + \Gamma_p y_{t-p} + u_t, \tag{6-1}$$

其中，$C_0 = \begin{bmatrix} 1 & -c_{12} & \cdots & -c_{1k} \\ -c_{21} & 1 & \cdots & -c_{2k} \\ \vdots & \vdots & \ddots & \vdots \\ -c_{k1} & -c_{k2} & \cdots & 1 \end{bmatrix}$, $\Gamma_i = \begin{bmatrix} \gamma_{11}^{(i)} & \gamma_{12}^{(i)} & \cdots & \gamma_{1k}^{(i)} \\ \gamma_{21}^{(i)} & \gamma_{22}^{(i)} & \cdots & \gamma_{2k}^{(i)} \\ \vdots & \vdots & \ddots & \vdots \\ \gamma_{k1}^{(i)} & \gamma_{k2}^{(i)} & \cdots & \gamma_{kk}^{(i)} \end{bmatrix}$, $i = 1, 2, \cdots,$

p, $u_t = \begin{bmatrix} u_{1t} \\ u_{2t} \\ \vdots \\ u_{kt} \end{bmatrix}$。

本章拟使用 AB 型 SVAR 模型，即 $A\varepsilon_t = Bu_t$，其中，ε_t、u_t 是 k 维向量，ε_t 是可观测到的残差（VAR 模型的扰动项），u_t 是不可观测的结构信息（结构式扰动项）。A、B 是待估计的 $k \times k$ 矩阵。

第三节　影子银行对货币政策工具
调控影响的模型构建

一、数量型调控模型构建

在数量型调控中，中央银行运用货币政策工具（公开市场操作、存款准备金制度等）向市场投放基础货币，以影响市场基准利率，改变商业银行的流动性创造能力，间接调控货币供应量指标。中央银行可以直接统计并监控存贷款数量，调节基础货币的投放与回收，只要银行货币扩张在中央银行的监控之下，数量型调控就能产生效果。本书参考盛松成和谢洁玉（2016）构造的货币数量调控理论框架构建 SVAR 模型：

$$M2_t = \alpha_{11}M_{Bt} + \alpha_{12}RES_t + \varepsilon_{M2t} \tag{6-2}$$

$$r_t = \alpha_{21}M_{Bt} + \alpha_{22}RES_t + \varepsilon_{rt} \tag{6-3}$$

其中，M_{Bt}、$M2_t$、RES_t 和 r_t 分别表示基础货币量、货币供应量、存款准备金率和基准利率。由式（6-2）、式（6-3）可以看出，基础货币量和存款准备金率可以影响货币供应量和基准利率，考虑到各变量之间相互动态关系及滞后期的影响，最终构建如下 VAR 模型：

$$\begin{bmatrix} M_{Bt} \\ r_t \\ M2_t \end{bmatrix} = \Phi(L) \begin{bmatrix} M_{Bt} \\ r_t \\ M2_t \end{bmatrix} + \begin{bmatrix} e_{M_Bt} \\ e_{rt} \\ e_{M2t} \end{bmatrix} \tag{6-4}$$

其中，$\Phi(L)$ 为滞后算子，$e_{M_{Bt}}$、e_{rt} 和 e_{M2t} 为冲击向量。将各变量之间当期关系考虑进来，可以形成如下 SVAR 模型：

$$
\begin{bmatrix} 1 & 0 & 0 \\ a_{21} & 1 & 0 \\ a_{31} & a_{32} & 1 \end{bmatrix} \begin{bmatrix} M_{Bt} \\ r_t \\ M_{2t} \end{bmatrix} = \Gamma(L) \begin{bmatrix} M_{Bt} \\ r_t \\ M_{2t} \end{bmatrix} + \begin{bmatrix} u_{M_{Bt}} \\ u_{rt} \\ u_{M_{2t}} \end{bmatrix}
\tag{6-5}
$$

式（6-5）中，$\begin{bmatrix} 1 & 0 & 0 \\ a_{21} & 1 & 0 \\ a_{31} & a_{32} & 1 \end{bmatrix}$，是各变量同期关系的系数矩阵，$u_t = \begin{bmatrix} u_{MBt} \\ u_{rt} \\ u_{M2t} \end{bmatrix}$，

是结构化冲击向量，$\Gamma(L)$ 为滞后算子，S_{Bt} 表示影子银行。短期约束条件可以根据相关的经济理论进行设定。中央银行向市场释放或者回收基础货币，从而影响基准利率，因此当期基础货币量不受基准利率和货币供应量影响（a_{12}、a_{13} 为 0）。当期基准利率会受基础货币量影响，但不受当期货币供应量所衡量的流动性水平影响（$a_{23}=0$）。基础货币是金融体系货币创造的根本，市场基准利率可以影响信用创造主体的超额储备，因此当期货币供应量受基础货币量和市场基准利率影响。

分析影子银行对货币数量型调控的影响，可以将影子银行变量纳入式（6-5），形成如下模型：

$$
\begin{bmatrix} 1 & 0 & 0 & 0 \\ a_{21} & 1 & 0 & 0 \\ a_{31} & a_{32} & 1 & 0 \\ a_{41} & a_{42} & a_{43} & 1 \end{bmatrix} \begin{bmatrix} SB_t \\ M_{Bt} \\ r_t \\ M2_t \end{bmatrix} = \Gamma(L) \begin{bmatrix} SB_t \\ M_{Bt} \\ r_t \\ M2_t \end{bmatrix} + \begin{bmatrix} u_{SBt} \\ u_{M_{Bt}} \\ u_{rt} \\ u_{M2t} \end{bmatrix}
\tag{6-6}
$$

影子银行伴随着经济与金融发展而出现，是整个社会融资方式变化的一种体现，因此当期影子银行不受基础货币量、市场基准利率和货币供应量影响（a_{12}、a_{13}、a_{14} 为 0）。而影子银行的信用创造功能可能会影响货币流动速度、货币乘数的扩张效应以及最终的货币供应量等变量，使得中央银行实现既定的货币供应量目标所需要投放的基础货币量发生改变，因此当期影子银行会影响基础货币量、

市场基准利率和货币供应量。

通过估计式（6-5）、式（6-6），并对比两式中货币供应量对基础货币投放工具和市场基准利率冲击的脉冲响应情况，可以分析影子银行对数量型调控框架下货币政策工具有效性的影响。

二、价格型调控模型构建

价格型调控是指中央银行运用政策工具形成政策利率，传导至银行间市场，使基准利率水平达到政策目标，引导商业银行的资金成本和预期，以影响存贷款利率、债券收益率、金融产品收益率等利率，从而最终对实体经济产生影响。

在价格型调控中，可将我国利率体系划分成三个层次：第一个层次为货币政策利率，即中央银行与银行之间资金融通的利率，构成了其他利率的基础。第二个层次为市场基准利率，是银行与非银行机构资金融通形成的银行间市场利率，也是价格型调控的操作目标。第三个层次为直接影响实体经济的投融资利率，如存贷款利率、债券和金融产品的收益率等。价格型调控可以理解成货币政策在这三个利率层次之间的传导过程，前一个层次的利率可以影响后一个层次的利率。因此，价格型调控过程可以形成如下 SVAR 模型：

$$
\begin{bmatrix} 1 & 0 & 0 \\ a_{21} & 1 & 0 \\ a_{31} & a_{32} & 1 \end{bmatrix} \begin{bmatrix} r_{1t} \\ r_{2t} \\ r_{3t} \end{bmatrix} = \Gamma(L) \begin{bmatrix} r_{1t} \\ r_{2t} \\ r_{3t} \end{bmatrix} + \begin{bmatrix} u_{r_1 t} \\ u_{r_2 t} \\ u_{r_3 t} \end{bmatrix} \tag{6-7}
$$

式中，r_{1t}、r_{2t} 和 r_{3t} 分别表示政策利率、市场基准利率和直接影响实体经济的利率。短期约束条件按照实际经济中利率传导的过程进行设置，即前一个层次的利率影响后一个层次的利率，因此 $a_{12} = a_{13} = a_{23} = 0$。加入影子银行因素后，形成如下模型：

$$\begin{bmatrix} 1 & 0 & 0 & 0 \\ a_{21} & 1 & 0 & 0 \\ a_{31} & a_{32} & 1 & 0 \\ a_{41} & a_{42} & a_{43} & 1 \end{bmatrix} \begin{bmatrix} SB_t \\ r_{1t} \\ r_{2t} \\ r_{3t} \end{bmatrix} = \Gamma(L) \begin{bmatrix} SB_t \\ r_{1t} \\ r_{2t} \\ r_{3t} \end{bmatrix} + \begin{bmatrix} u_{SBt} \\ u_{r_1 t} \\ u_{r_2 t} \\ u_{r_3 t} \end{bmatrix} \tag{6-8}$$

短期约束条件设定参照数量型调控，即当期影子银行不受各层次利率影响（$a_{12}=a_{13}=a_{14}=0$），但其能够影响各层次的利率（$a_{23}=a_{24}=a_{34}=0$）。通过估计式（6-7）、式（6-8），可以分析在价格型调控框架下影子银行对不同种类货币政策工具效力的影响。

三、数据处理

影子银行规模的测算参照第五章，使用社会融资规模总量扣除人民币贷款、外币贷款（折合人民币）、企业债券、非金融企业境内股票融资之后的部分表示影子银行规模。市场基准利率使用银行间同业拆借加权平均利率（R）作为代理变量。由于我国当前贷款利率仍受到贷款基准利率的管制，并未实现真正意义上的市场化定价，因此影响实体经济的利率使用发行和交易已实现市场化的债券市场一年期企业债到期收益率（QYZR）作为代理变量。

第一，影子银行对同一货币政策工具在不同货币调控框架下有效性的影响。以中央银行常规货币政策工具公开市场操作逆回购作为研究对象，该货币政策工具在我国中央银行数量型调控框架下以及价格型调控框架下均具有重要的地位，是中央银行常用政策工具之一。其利率的形成方式为市场化招标。使用7天逆回购数量（NHG）作为数量型调控框架下基础货币代理变量，使用7天逆回购利率（NHGR）作为价格型调控框架下货币政策利率的代理变量。

第二，影子银行对价格型调控框架下不同货币政策工具有效性的影响。再贴现政策是中央银行常规政策工具之一，再贴现利率由中央银行直接行政决定。MLF则是中央银行在我国货币政策操作框架转型背景下创设的新型货币政策工具，其利率形成方式为市场化招标。研究影子银行对这两种政策工具在价格型调控框架下有效性的影响，在当前货币政策框架向价格型调控过渡时期具有理论及现实意义。以再贴现利率和 1 年期 MLF 利率（MLFR）分别作为价格型调控框架下货币政策利率的代理变量。

为消除价格变动的影响，使用定基 CPI 数据对影子银行规模、7 天逆回购数量和货币供应量进行价格调整。为消除季节性影响，对各时间序列使用 Census X-12 方法进行季节调整。对影子银行规模、7 天逆回购数量和货币供应量取对数处理。以上所用数据均来源于 Wind 数据库，样本区间为 2008 年 1 月至 2018 年 12 月。

对各变量进行单位根检验，并对非平稳序列进行差分处理，结果如表 6-1 所示。将 7 天逆回购数量、银行间同业拆借加权平均利率、货币供应量分别代入式（6-5）、式（6-6）建立 SVAR 模型，研究影子银行对数量型调控框架下逆回购工具有效性的影响。关于模型滞后阶数的选取，考虑到需要对式（6-5）、式（6-6）进行比较分析，对两式选择相同的滞后阶数。根据 SC 准则，式（6-5）对应的 SVAR 模型滞后阶数选取 1 阶（见表 6-2）。同样地，式（6-6）对应的 SVAR 模型滞后阶数也选取 1 阶。将 7 天逆回购利率、银行间同业拆借加权平均利率、一年期企业债到期收益率分别代入式（6-7）、式（6-8）建立 SVAR 模型，研究影子银行对价格型调控框架下逆回购工具有效性的影响。根据 SC 准则，选取滞后 1 阶作为式（6-7）和式（6-8）SVAR 模型滞后阶数（见表 6-3）。

表 6-1　变量 ADF 检验

检验序列	t 统计量	1%临界值	5%临界值	10%临界值	p 值	检验结果
LNSB	-1.978443	-4.031309	-3.445308	-3.147545	0.6072	非平稳
D（LNSB）	-4.120498	-3.482035	-2.884109	-2.578884	0.0013	平稳
LNNHG	-2.845545	-3.550396	-2.913549	-2.594521	0.0584	非平稳
D（LNNHG）	-9.436789	-3.560019	-2.91765	-2.596689	0.0000	平稳

检验序列	t 统计量	1%临界值	5%临界值	10%临界值	p 值	检验结果
R	-4.159448	-4.029595	-3.444487	-3.147063	0.0067	平稳
LNM2	-0.708775	-4.029595	-3.444487	-3.147063	0.9699	非平稳
D（LNM2）	-3.95008	-3.482035	-2.884109	-2.578884	0.0023	平稳
MLFR	-2.570203	-4.356068	-3.595026	-3.233456	0.2953	非平稳
D（MLFR）	-2.353024	-2.656915	-1.954414	-1.609329	0.0207	平稳
NHGR	-0.549587	-4.148465	-3.500495	-3.179617	0.9778	非平稳
D（NHGR）	-8.870224	-3.56543	-2.919952	-2.597905	0.0000	平稳
QYZR	-2.628611	-4.033727	-3.446464	-3.148223	0.2686	非平稳
D（QYZR）	-7.505195	-3.483751	-2.884856	-2.579282	0.0000	平稳
ZTXR	-5.529928	-4.033108	-3.446168	-3.148049	0.0000	平稳

表 6-2　式（6-5）对应的 SVAR 模型滞后阶数选取的信息准则

Lag	LogL	LR	FPE	AIC	SC	HQ
0	109.5196		8.52E-07	-5.462545	-5.334579	-5.416632
1	148.8578	70.60706*	1.80e-07*	-7.018351	-6.506486*	-6.834698*
2	157.1657	13.63334	1.88E-07	-6.982854	-6.08709	-6.661462
3	167.1012	14.77591	1.84E-07	-7.030830*	-5.751167	-6.571698
4	172.01	6.545051	2.37E-07	-6.821024	-5.157463	-6.224153
5	184.8066	15.09347	2.10E-07	-7.015724	-4.968263	-6.281112
6	109.5196		8.52E-07	-5.462545	-5.334579	-5.416632

注：* 表示在对应信息准则下的最优滞后阶数。

表 6-3　式（6-7）对应的 SVAR 模型滞后阶数选取的信息准则

Lag	LogL	LR	FPE	AIC	SC	HQ
0	73.90091	NA	3.10E-06	-4.170642	-4.035963	-4.124712
1	118.4466	78.61006	3.84E-07	-6.261565	-5.722850*	-6.077848*
2	124.8895	10.2329	4.53E-07	-6.11115	-5.168398	-5.789644
3	138.3072	18.94260*	3.62E-07	-6.371013	-5.024224	-5.911719
4	150.2446	14.74614	3.27e-07*	-6.543798*	-4.792973	-5.946717
5	155.5693	5.637981	4.56E-07	-6.327608	-4.172746	-5.592738

Lag	LogL	LR	FPE	AIC	SC	HQ
6	167.5949	10.61078	4.63E−07	−6.505581	−3.946682	−5.632923

注：＊表示在对应信息准则下的最优滞后阶数。

将再贴现利率、银行间同业拆借加权平均利率、1 年期企业债到期收益率、1 年期 MLF 利率、银行间同业拆借加权平均利率、1 年期企业债到期收益率分别代入式（6-7）、式（6-8）的 SVAR 模型，以检验在价格型调控框架下影子银行对再贴现利率和 MLF 利率有效性的影响。SVAR 模型的滞后期选择参考 SC 准则，均选取滞后 1 阶（见表6-4、表6-5）。

表 6-4　再贴现利率 SVAR 模型滞后阶数选取的信息准则

Lag	LogL	LR	FPE	AIC	SC	HQ
0	−84.54852	NA	0.000874	1.471404	1.541466	1.499854
1	129.5669	413.8366＊	2.78e−05＊	−1.975915＊	−1.695667＊	−1.862115＊
2	133.7329	7.841828	3.02E−05	−1.894671	−1.404237	−1.695521
3	139.0822	9.799472	3.21E−05	−1.833314	−1.132694	−1.548814
4	144.5524	9.74522	3.41E−05	−1.773989	−0.863184	−1.40414
5	145.9471	2.414453	3.89E−05	−1.64617	−0.525179	−1.190971

注：＊表示在对应信息准则下的最优滞后阶数。

表 6-5　MLF 利率 SVAR 模型滞后阶数选取的信息准则

Lag	LogL	LR	FPE	AIC	SC	HQ
0	54.71924	NA	1.82E−06	−4.701749	−4.552971	−4.666701
1	77.28445	36.92489＊	5.38E−07	−5.93495	−5.339836＊	−5.794759
2	83.4255	8.374152	7.37E−07	−5.675045	−4.633596	−5.429711
3	95.53476	13.2101	6.44E−07	−5.957705	−4.46992	−5.607228
4	110.7391	12.43995	5.01E−07	−6.521741	−4.58762	−6.06612
5	129.5591	10.26542	3.91e−07＊	−7.414462＊	−5.034006	−6.853698＊

注：＊表示在对应信息准则下的最优滞后阶数。

第四节　影子银行对货币政策工具有效性的影响

一、影子银行对逆回购操作的影响

1. 影子银行对数量型调控框架下逆回购操作的影响

根据式（6-5）、式（6-6）的 SVAR 模型，可以得出在不考虑影子银行影响与考虑其影响两种情况下，货币供应量对逆回购数量和基准利率冲击的脉冲响应图形。

如图 6-1（a）和图 6-1（b）所示，在不考虑影子银行因素影响时，对于逆回购数量的 1 个单位的正向冲击，货币供应量当期即上升 0.0008 个单位的最大响应幅度，之后冲击响应效应逐渐减弱，第 2 期后正向冲击效应基本消失，冲击响应持续时间较短；对于基准利率的 1 个单位的正向冲击，货币供应量当期即达到 0.002 个单位的最大负向响应幅度，随后冲击响应逐渐减小，冲击响应持续时间较逆回购数量冲击更长。图 6-1（c）和图 6-1（d）分别显示了考虑影子银行因素影响后，货币供应量对逆回购数量和基准利率冲击的脉冲响应情况。可以看出，对于逆回购数量的 1 个单位的正向冲击，货币供应量在当期达到最大值 0.0006 个单位的上升幅度，小于不考虑影子银行时的脉冲响应值；对于基准利率的 1 个单位的正向冲击，货币供应量在当期即达到了 0.0021 个单位的下降幅度，大于不考虑影子银行时的脉冲响应值（见表 6-6）。

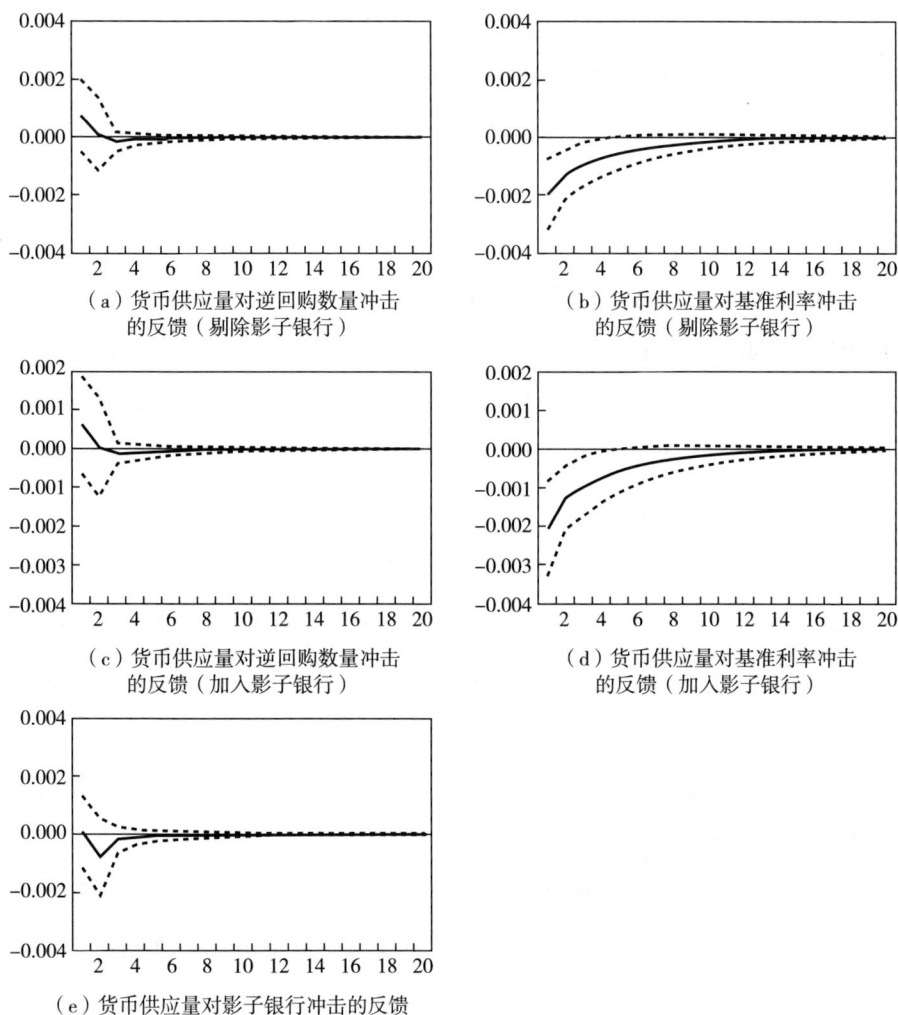

（a）货币供应量对逆回购数量冲击
的反馈（剔除影子银行）

（b）货币供应量对基准利率冲击
的反馈（剔除影子银行）

（c）货币供应量对逆回购数量冲击
的反馈（加入影子银行）

（d）货币供应量对基准利率冲击
的反馈（加入影子银行）

（e）货币供应量对影子银行冲击的反馈

图 6-1　影子银行对数量型调控框架下逆回购操作和货币供应量的影响

表 6-6　货币供应量对逆回购数量和基准利率冲击的最大响应幅度

变量	M2（不考虑影子银行）	M2（考虑影子银行）
NHG	0.0008	0.0006
R	0.002	0.0021

可以看出，在影子银行的影响下，通过逆回购操作对货币供应量进行调控的效率有所减弱，但通过基准利率对货币供应量进行调控的效率得到提升。原因可能是，影子银行的信用创造不受存款准备金率、资本充足率等各种监管指标的限制，中央银行无法准确测算其信用创造乘数，进而弱化通过基础货币数量投放精确调控货币供应量的调控方式。如图6-1（e）所示，影子银行的一个单位的正向冲击，导致货币供应量在第2期出现最大0.0008个单位的负向脉冲响应，说明影子银行创造的货币供给量未能体现在货币供应量的统计中，对其产生了一些分流作用。而基准利率对货币供应量的调控效果因影子银行的影响而提升，原因可能是，影子银行所提供的各类投融资工具均具有市场化定价机制，规避了原有的资金利率管制，导致正规商业银行体系摆脱了利率管制约束，提高了利率水平，在一定程度上加快了我国利率市场化的进程。虽然商业银行的定价在很大程度上仍然参考存贷款基准利率，但是影子银行对于利率市场化的影响使得货币供应量指标在总体上对基准利率变化越来越敏感。

逆回购操作在数量型框架下对货币供应量目标的调控能力因影子银行的影响而下降，在当前货币政策转型、影子银行客观存在的背景下，应在数量型调控中搭配使用价格型调控，避免利率水平大幅波动，进而对数量型调控有效性产生不利影响。因此，中央银行不仅可以通过调控货币市场基准利率影响其他中长期利率，还可以通过对基准利率的调控间接实现对数量型指标货币供应量的调控。

2. 影子银行对价格型调控框架下逆回购操作的影响

由图6-2（a）和图6-2（b）可知，在不考虑影子银行影响时，基准利率对于逆回购利率的一个单位的正向冲击，在第2期达到0.114个单位的最高响应水平；企业债到期收益率对于基准利率的1个单位的正向冲击，在当期即达到0.11个单位的最高响应水平。而在加入影子银行变量的图6-2（c）和图6-2（d）的脉冲响应图形中，基准利率对于逆回购利率的1个单位的正向冲击，在第2期达到 0.122 个单位的最高响应水平；企业债到期收益率对于基准利率的 1 个单位的正向冲击，在当期达到 0.111 个单位的最高响应水平。可以看出，加入影子银行变量后，政策利率向市场基准利率的传导效果以及市场基准利率向企业债到期收益率的传导效果均得以加强，即影子银行提高了市场化利率调控的效率（见表 6-7、表 6-8）。原因可能是，逆回购利率是通过中央银行市场招标形成的，更能够反映出市场真实资金需求，而影子银行则丰富了银行间市场的金融产品，使得银行间市场深度和广度不断拓展，能够影响银行间市场流动性变化，进而使得基准利率对市场化的政策利率的敏感性上升；影子银行中的银行理财、信托、券商资管、基金等的部分资金投向了债券市场，使得市场基准利率向债券收益率传导的效果得以加强。

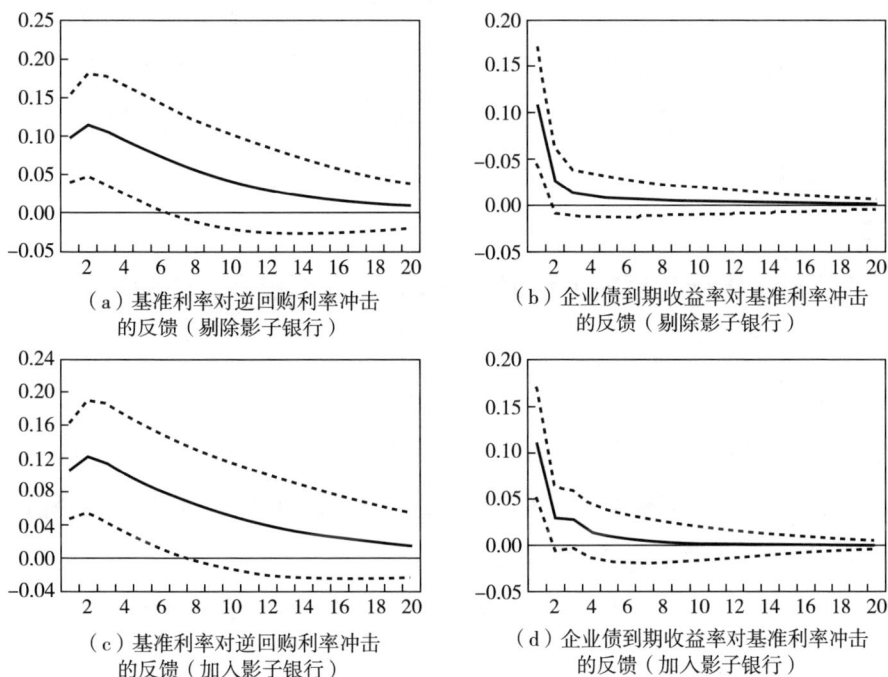

（a）基准利率对逆回购利率冲击
的反馈（剔除影子银行）

（b）企业债到期收益率对基准利率冲击
的反馈（剔除影子银行）

（c）基准利率对逆回购利率冲击
的反馈（加入影子银行）

（d）企业债到期收益率对基准利率冲击
的反馈（加入影子银行）

图 6-2 影子银行对价格型调控框架下逆回购操作的影响

表6-7　基准利率对逆回购利率冲击的最大响应幅度

变量	R（不考虑影子银行）	R（考虑影子银行）
NHGR	0.114	0.122

表6-8　企业债到期收益率对基准利率冲击的最大响应幅度

变量	QYZR（不考虑影子银行）	QYZR（考虑影子银行）
R	0.11	0.111

综上分析，影子银行的存在降低了逆回购操作工具在数量型调控框架下对货币供应量的调控能力，但提升了价格型调控框架下逆回购利率对于市场利率的引导能力。同时，在数量型调控框架下，影子银行能够提高基准利率对货币供应量的影响。因此，应注重在数量型调控框架中搭配价格型调控方式的使用，同时进一步发挥常规的市场化货币政策工具在价格型调控框架下的调控效力。

二、影子银行对再贴现利率和 MLF 利率调控有效性的影响

根据式（6-7）、式（6-8）对应的 SVAR 模型，可以分别得出在不考虑影子银行影响以及考虑其影响两种情况下，企业债到期收益率对再贴现利率以及 MLF 利率冲击的脉冲响应函数图形，进而可以比较常规的再贴现工具与新型的借贷便利工具在价格型调控框架下的有效性问题。

在不考虑影子银行因素影响时，对于再贴现利率的 1 个单位的正向冲击，企业债到期收益率在当期即达到最大值 0.045 个单位水平的响应，随后开始减弱〔见图6-3（a）〕；对于 MLF 利率的 1 个单位的正向冲击，企业债到期收益率在当期即达到最大值 0.16 个单位水平的响应，随后响应开始减弱〔见图 6-3（c）〕。考虑了影子银行因素后，对于再贴现利率的 1 个单位的正向冲击，企业

债到期收益率在当期则达到最大值 0.042 个单位水平的响应 ［见图 6-3（b）］，小于不考虑影子银行影响时的最大响应值（见表 6-9）；对于 MFL 利率的 1 个单位的正向冲击，企业债到期收益率在当期达到最大值 0.162 个单位水平的响应 ［图 6-3（d）］，大于不考虑影子银行影响时的最大响应值（见表 6-9）。

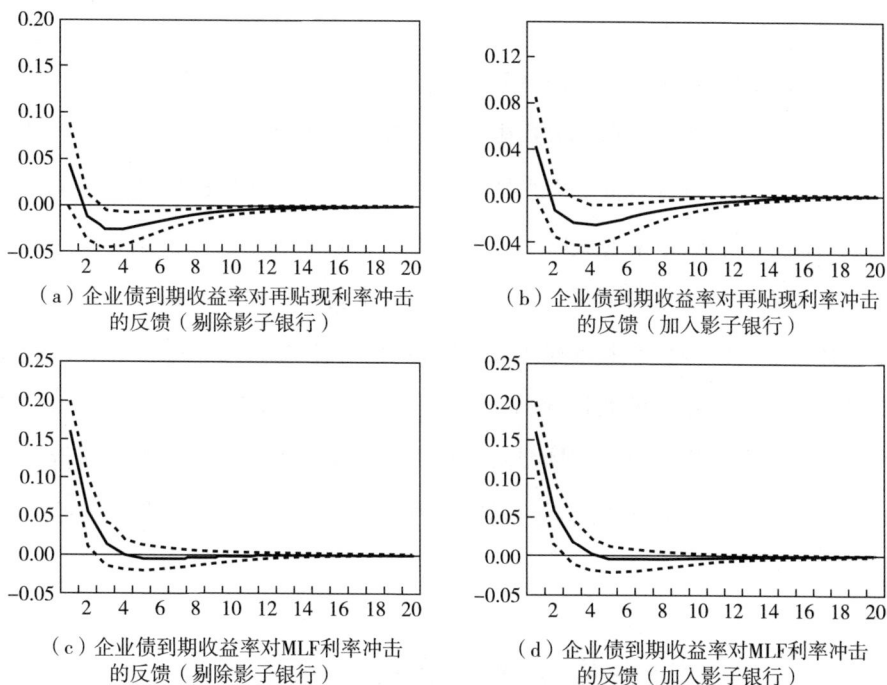

（a）企业债到期收益率对再贴现利率冲击
的反馈（剔除影子银行）

（b）企业债到期收益率对再贴现利率冲击
的反馈（加入影子银行）

（c）企业债到期收益率对 MLF 利率冲击
的反馈（剔除影子银行）

（d）企业债到期收益率对 MLF 利率冲击
的反馈（加入影子银行）

图 6-3　影子银行对再贴现利率和 MLF 利率调控效力的影响

表 6-9　企业债到期收益率对再贴现利率、MLF 利率冲击的最大响应幅度

变量	QYZR（不考虑影子银行）	QYZR（考虑影子银行）
ZTXR	0.045	0.042
MLFR	0.16	0.162

可以看出，在价格型调控框架下，影子银行提升了新型货币政策工具 MLF 对市场利率的调控能力，但降低了常规货币政策工具再贴现政策对市场利率的引导作用。同时，中央银行通过 MLF 操作对市场利率的影响程度也高于再贴现政策。这说明以 MLF 为代表的创新性货币政策工具对市场利率进行调节时，其抗干扰能力以及对市场利率的实际调控能力均显著强于常规的再贴现利率。这可能是因为再贴现利率水平由中央银行直接决定，不是通过市场化招标形成，属于中央银行对利率的直接干预，市场主体对其的敏感性不高。而 MLF 利率则是中央银行通过市场招标确定，形成方式市场化程度高，且由中央银行发起，更具有主动性，可以反映市场真实资金需求情况，更易与发行及交易市场已实现较高市场化水平的债券到期收益率形成联动关系。因此，MLF 利率向市场化的债券收益率传导的效率较再贴现利率更高。影子银行是规避利率管制的产物，市场化定价机制使其具备了在价格水平上与其他市场化的利率进行互动的基础，因而能够提升 MLF 利率对债券收益率的调控效力，阻碍再贴现利率向市场利率的传导。因此，在当前我国货币政策框架由数量型向价格型过渡的背景下，应注重发挥新型市场化货币政策工具在价格型框架下的调控能力，引导市场利率水平合理稳定。

第五节　本章小结

本章先分析了影子银行对于一般性货币政策工具存款准备金制度、公开市场操作、再贴现政策、利率政策工具的操作效力的影响。随后，利用 2008 年 1 月至 2018 年 12 月数据构建了数量型调控框架和价格型调控框架的 SVAR 模型，实证研究了影子银行对公开市场操作逆回购工具在数量型调控框架和价格型调控框架下的调控效力的影响，对比了价格型调控框架下再贴现政策工具和中期借贷便利工具的调控效力，分析了影子银行对价格型调控框架下再贴现政策工具和中期借贷便利工具调控效力的影响。根据脉冲响应函数分析，得出以下结论：

第一，在数量型调控框架下，影子银行降低了逆回购操作对于货币供应量的调控效率，但提升了市场基准利率对货币供应量的传导效率。

第二，在价格型调控框架下，影子银行提升了逆回购利率向市场基准利率的传导效率，以及市场基准利率向企业债到期收益率的传导效率。

第三，在价格型调控框架下，常规货币政策工具再贴现利率对企业债到期收益率的引导能力低于新型货币政策工具 MLF 利率对企业债到期收益率的引导能力。

第四，在价格型调控框架下，影子银行降低了再贴现利率向企业债到期收益率的传导效率，提升了 MLF 利率向企业债到期收益率的传导效率。

本章通过使用 SVAR 模型，解决了本书的第二个研究问题，从数量型、价格型调控框架的角度，研究了影子银行分别对同一货币政策工具在两种货币调控框架下的影响机制，以及影子银行对价格型调控框架下不同货币政策工具的影响机制。

第七章　影子银行对货币政策
传导的影响

在以市场为基础的间接货币政策调控模式下，中央银行往往无法直接实现对货币政策最终目标的调控操作，而只能借助与最终目标有紧密联系的中介目标，间接地将中央银行政策意图通过中介目标向最终目标传递。因此，中介目标是中央银行调控宏观经济的连接点和传送点，在整个货币政策传导中居于枢纽地位，中介目标的选择和调控在中央银行货币政策的制定与实施过程中是关键性步骤之一，针对不同的中介目标，中央银行可能会选择完全差异化的方式及手段完成对最终目标的调控。同时，中央银行货币政策的实施结果也依赖于中介目标的平稳与可靠。国务院在 1993 年颁布的《关于金融体制改革的决定》中确定了我国以货币供给量为货币政策中介目标。然而，随着我国经济的快速发展，金融市场同步繁荣并发达起来，非银行金融机构规模增加、市场作用增强，影子银行规模也同样不可忽视，实体经济可以通过更多的渠道和工具进行融资活动，这些发展变化情况对货币供给量的界定范围以及统计的准确性、实时性形成冲击，货币供应量指标的货币政策中介目标属性受到了一定的挑战。因此，我国中央银行于 2010 年提出了社会融资规模这一新指标，中央经济工作会议和政府工作报告等文件中也多次提及该指标，如 2018 年的政府工作报告提出"保持广义货币 M2、信贷和社会融资规模合理增长"。相比于货币供应量指标只能反映整体流动性，社会融资规模在结构上优于货币供应量，可以从实体经济的角度反映出不同行业、地区、部门等各类型的资金支持情况，也能够显示出各融资工具与途径所涉及的资金流动情况，并体现出直接融资与间接融资的比例关系等，是合适的数量型中介目标（盛松成、谢玉洁，2016）。当前，我国中央银行运用量价结合模式进行货币调控（张晓慧，2017），即使用数量型工具调控货币量的同时，搭配使用价格型工具调控基准利率以引导市场利率向目标水平靠拢（盛松成、谢玉洁，2016），并逐步向价格型调控过渡，利率指标在货币政策调控体系中发挥越来越重要的作用。综合来看，在我国当前货币政策框架由数量型向价格型过渡阶段，数量型指标货币供应量、社会融资规模以及价格型指标利率等均发挥着中介目标的连接与传导作用。

货币政策中介目标通常需要具有可测性、可控性和相关性，不同的指标作为货币政策中介目标的可测性和可控性均存在争论，因此本章实证部分不讨论可测性、可控性等操作层面的问题，也不考虑多种传导渠道的复杂情形，只关注由中介目标向最终目标传导的过程，即中介目标的相关性属性。

现有文献多数以货币供给量作为中介目标变量进行相关研究，在统一的框架下对各数量型和价格型指标的中介目标属性进行针对性对比分析的研究并不多。本章拟从货币政策中介目标相关性入手，将货币供应量、社会融资规模和利率这三个中介目标纳入统一的 VAR 模型，比较分析这三个指标与最终目标之间的相关性，并分析该相关性受影子银行影响的程度，从而根据研究结论讨论我国现阶段货币政策中介目标的选择问题。

第一节　影子银行对货币政策中介目标的影响

一、影子银行对数量型中介目标的影响

长期以来，我国货币政策以货币供应量为中介目标，然而随着以影子银行为

代表的金融创新不断显现，实体经济的融资渠道持续拓宽，摆脱了商业银行贷款融资的限制，对货币量统计指标的中介目标属性形成了挑战。首先，影子银行的信用创造功能导致流通中的实际货币量增加，并快速转变为实际购买力，但这些购买力不处于中央银行的统计范围之内，引致实际货币供应量大于货币当局的统计指标数值，促使紧缩性货币政策的效果减弱（裘翔、周强龙，2014），不利于政策当局依据相应的统计数据制定合适的调控政策。其次，影子产品相比于商业银行存款具有更高的收益水平和更灵活的期限设置，会与商业银行形成存款竞争，影响存款规模及公众持有的货币量。同时，影子银行便利了金融机构的短期资金融通，对超额准备金产生影响。而无存款准备金的限制使得影子银行的信用创造能力远超商业银行，对货币乘数起到放大作用，不利于中央银行对货币供应量的精准调控。最后，影子银行的信用创造能够迅速转为购买力，无疑会加快货币流通速度，根据费雪方程式可知，这会导致货币供应量与商品交易总量相关性的下降，即在货币政策传导中通过货币供应量指标调控最终目标的有效性降低。

在我国货币政策实践中，中央银行历来注重对金融机构资产方指标和负债方指标的搭配使用，如对资产方指标人民币信贷规模指标及负债方指标货币供应量的组合使用（盛松成、谢洁玉，2016）。但随着经济与金融形势的变化，原有指标有效性显著降低，我国中央银行于2010年发布的社会融资规模指标将金融市场资产方与货币供应量形成新的对应关系。该指标兼具总量和结构的信息，能够反映出资金的流向和结构，且已将主要的影子银行业务包含在内，相比于货币供应量指标，其在新的经济与金融形势下更具有优势。但影子银行由于无准备金或超低准备金要求，因此同样能够大幅扩张社会融资规模，且影子银行发展所带来新型融资方式的出现也能导致现有社会融资规模指标出现统计遗漏，对该指标与货币政策最终目标的相关性产生不利影响。随着影子银行的发展，投融资方式的不断创新，以及当前的货币金融环境越发复杂化，货币需求稳定性已大幅下降，如果只盯住货币量、社会融资规模等数量型中介目标，可能会导致利率波动幅度加大，对货币政策最终目标的实现产生负面影响。因此，影子银行的发展会导致数量型中介目标的有效性下降。

二、影子银行对价格型中介目标的影响

长期以来，我国实行利率管制政策，货币政策以数量型调控为主，货币供应量指标扮演着中介目标角色，利率指标发挥的作用有限。在影子银行出现之前，中央银行主要通过数量型政策工具来调节商业银行的信用创造能力，能够较为有效地调控货币供应量。影子银行的发展使得常规的货币政策操作工具效力下滑，中央银行在很大程度上对扮演货币供应量中介目标的控制能力降低。影子银行是金融机构为规避监管、追逐利润而创造出的金融工具，在其运作过程中，利率指标发挥着重要的参考作用。在影子银行出现之前的利率管制时期，金融市场资金价格并不能真实地反映资金供求关系，导致了不以市场供求为基础的信贷配给现象的产生（邓超等，2016）。影子银行的发展推动了资金的市场化定价，使得市场利率与官方管制利率走势出现分化，市场利率与官方管制利率之间的利率催生了大量的监管套利行为，如商业银行通过银信、银证合作的业务方式，以高于仍受一定管制的贷款利率的价格向融资主体发放贷款，从而赚取利差。因此，影子银行推动了金融机构资产端利率定价的市场化。此外，影子银行分流了商业银行存款资金规模，降低了受利率管制的负债占比，提升了银行机构市场化定价负债的占比（许少强、颜永嘉，2015）。综合来看，影子银行从金融机构资产端和负债端同时推动了利率的市场化定价，其能够较为真实地反映资金供需关系，因而使得货币供应量中介目标受到较大冲击，同时也使得利率成为更有价值的中介目标，利率指标在我国货币政策框架中的重要性逐步提升。

第二节　模型构建

本章需要研究的是各时间序列之间的动态关系，且需要考虑随机扰动项的冲

击效应。同时，本章只关注中介目标相关性问题，不考虑中介目标与最终目标之间多种传导渠道的复杂情形。因此，研究选择 VAR 模型，该模型将所有影响因素视为内生变量，且将被解释变量的滞后变量也视为解释变量，不仅避免了由于内生变量和外生变量划分不准确造成的模型构建误差，而且避免了由于不完善的经济理论造成的偏差，为在一个系统中研究动态变量之间的关系提供了很好的方法。利用 VAR 模型的脉冲响应函数分析法，将货币政策最终目标对不同中介目标冲击的响应情况进行对比，可以直观地反映出中介目标的相关性特征。建立如下形式的 VAR 模型：

$$y_t = \beta_1 y_{t-1} + \beta_2 y_{t-2} + \cdots + \beta_p y_{t-p} + \varepsilon_t \qquad (7-1)$$

式中，y_t 为 4 维内生变量向量的列向量，分别是影子银行、货币政策中介目标、两个货币政策最终目标；$\beta_1 \sim \beta_p$ 为模型的待估系数；p 为模型所选择的滞后期；ε_t 为模型的随机扰动项。

第三节　变量的选择与数据来源

货币政策中介目标变量选取广义货币供应量、社会融资规模（AFRE）和利率。货币供应量为存量数据，为了保持数据一致性，社会融资规模同样使用存量数据。社会融资规模数据在 2015 年之前只能够查询到年度存量数据，从 2015 年第一季度起可以查询到季度存量数据，从 2016 年 1 月起可以查询到月度存量数据，因此，在本书研究的样本期内，使用中央银行公布的社会融资规模存量与增量数据综合计算出缺失的月度存量数据。由于银行间同业拆借加权平均利率的市场化程度较高，因此以其作为利率的代理变量。

我国中央银行货币政策最终目标是"保持货币币值稳定，并以此促进经济增长"，因此，借鉴多数学者的做法，货币政策最终目标选择产出和通货膨胀率。以 CPI 表示通货膨胀率，由于国家统计局不公布月度 GDP 数据，因此本章选择月度工业增加值数据表示产出。

对于影子银行，目前国内学者对于影子银行没有一个统一完整的定义，同时也缺乏相对权威的影子银行规模统计数据。因此，本书研究参考目前多数文献的做法，以核心影子银行规模（主要由委托贷款、信托贷款、未贴现银行承兑汇票构成）占社会融资规模的比重表示影子银行的相对规模。为进一步从影子银行变量中分离出规模扩张阶段和规模缩减阶段，采用 H-P 滤波法对影子银行变量增长率进行 H-P 滤波处理，得到 SBcycle，分别定义 SBP = max（SBcycle，0）作为影子银行规模扩张阶段的替代变量，SBN = min（SBcycle，0）作为影子银行规模紧缩阶段的替代变量。

货币供应量、社会融资规模、工业增加值和 CPI 相关数据均为同比增速，数据为百分比形式，与利率和影子银行相对规模数据一致。2008 年之后，我国的金融市场创新速度加快，社会融资结构的构成逐渐丰富，影子银行规模逐步上升。因此，本章选择 2008 年 1 月至 2019 年 6 月的月度数据作为研究样本，所有研究数据均来自 Wind 数据库。各变量指标及说明如表 7-1 所示。

表 7-1　各变量指标及说明

变量名称	说明
产出（Y）	使用月度工业增加值同比增长率
通货膨胀率（P）	使用月度 CPI 同比增长率
社会融资规模（AFRE）	使用月度社会融资规模存量同比增长率
货币供应量（M2）	使用月度广义货币供应量 M2 同比增长率
利率（R）	使用月度银行间同业拆借加权平均利率
影子银行规模（SB）	使用月度委托贷款、信托贷款以及未贴现银行承兑汇票三项之和占社会融资规模的比重

第四节　实证分析

一、单位根检验

在建立 VAR 模型之前，首先对各时间序列进行 ADF 检验，观察其平稳性。平稳性检验结果显示，在水平层面上产出、利率、影子银行规模和 SBN 已是平稳序列，在一阶差分层面上通货膨胀率、社会融资规模、货币供应量和 SBP 是平稳序列。相关结果如表 7-2 所示，产出、通货膨胀率一阶差分、社会融资规模一阶差分、货币供应量一阶差分、利率、影子银行规模、SBP 一阶差分和 SBN 均在 1% 的检验水平上通过了平稳性检验。为建立 VAR 模型进行分析，对通货膨胀率、社会融资规模、货币供应量和 SBP 进行差分处理。

表 7-2　序列 ADF 检验

检验序列	t 统计量	1%临界值	5%临界值	10%临界值	p 值	检验结果
Y	-4.536181	-4.032498	-3.445877	-3.147878	0.0020	平稳
P	-2.604804	-4.033108	-3.446168	-3.148049	0.2790	非平稳
D（P）	-6.571365	-3.483312	-2.884665	-2.57918	0.0000	平稳
AFRE	-1.066422	-3.483312	-2.884665	-2.57918	0.7275	非平稳
D（AFRE）	-3.925743	-3.483312	-2.884665	-2.57918	0.0025	平稳
M2	-2.893312	-4.033727	-3.446464	-3.148223	0.1683	非平稳
D（M2）	-3.920976	-3.483751	-2.884856	-2.579282	0.0025	平稳

检验序列	t 统计量	1%临界值	5%临界值	10%临界值	p 值	检验结果
R	-7.322067	-3.480425	-2.883408	-2.57851	0.0000	平稳
SB	-4.132437	-4.027463	-3.44345	-3.146455	0.0072	平稳
SBP	-2.948979	-4.033727	-3.446464	-3.148223	0.1511	非平稳
D (SBP)	-4.246117	-3.483751	-2.884856	-2.579282	0.0008	平稳
SBN	-10.94842	-4.026429	-3.442955	-3.146165	0.0000	平稳

二、格兰杰因果关系检验

货币政策传导机制理论认为，货币政策中介目标的变化能够引起最终目标的变动。因此，对变量数据进行格兰杰因果关系检验，结果如表 7-3 所示。

表 7-3 格兰杰因果关系检验

零假设	观察值个数	F 统计量	p 值
货币供应量不是产出的格兰杰原因	136	13.0315	0.0004
货币供应量不是通货膨胀率的格兰杰原因	135	3.79925	0.0249
社会融资规模不是产出的格兰杰原因	136	6.37097	0.0128
社会融资规模不是通货膨胀率的格兰杰原因	130	3.20062	0.0039
利率不是产出的格兰杰原因	132	2.45814	0.0282
利率不是通货膨胀率的格兰杰原因	133	2.75356	0.0310
产出不是通货膨胀率的格兰杰原因	136	18.8211	3. E-05
通货膨胀率不是产出的格兰杰原因	136	22.7425	5. E-06

从表7-3的格兰杰因果关系检验结果可以看出，在5%的显著性水平上，货币政策中介目标（货币供应量、社会融资规模、利率）是最终目标（产出、通货膨胀率）的格兰杰原因，最终目标产出和通货膨胀率之间互为格兰杰原因。这说明货币政策可以通过中介目标向最终目标传导，且最终目标之间可以相互影响。总体来看，本书所选取各变量可以建立 VAR 模型。

三、模型滞后期的确定及平稳性检验

将货币供应量作为货币政策中介目标代入式（7-1），建立 VAR 模型 S_1，将社会融资规模作为货币政策中介目标代入式（7-1），建立 VAR 模型 S_2，将利率作为货币政策中介目标代入式（7-1），建立 VAR 模型 S_3。各模型的变量组合分别为（SB、M2、Y、P）、（SB、AFRE、Y、P）和（SB、R、Y、P）。分别将 S_1、S_2 和 S_3 模型中的影子银行变量 SB 剔除，建立 S_4、S_5 和 S_6 模型；分别将 S_1、S_2 和 S_3 模型中的影子银行变量 SB 替换成 SBP，建立 S_7、S_8 和 S_9 模型；分别将 S_1、S_2 和 S_3 模型中的影子银行变量 SB 替换成 SBN，建立 S_{10}、S_{11} 和 S_{12} 模型。通过对比 S_1、S_2 和 S_3 模型，可以分析包含影子银行变量时各中介目标变量与最终目标的相关性；通过对比 S_1、S_2 和 S_3 模型与 S_4、S_5 和 S_6 模型，可以分析影子银行对于货币政策中介目标与最终目标相关性的影响；通过对比 S_7、S_8 和 S_9 模型和 S_{10}、S_{11} 和 S_{12} 模型，可以分析影子银行规模扩张阶段以及规模紧缩阶段对于货币政策中介目标与最终目标相关性的不同影响。

关于 VAR 模型的构建，滞后阶数的确定可能对实证结论形成重要影响，为确保模型的残差项不存在序列相关性，并同时满足计量建模的简约性要求，本书研究使用 AIC 信息准则以及 LM 残差序列相关性检验双重标准综合判断模型的最优滞后阶数。首先使用 AIC 信息准则判断该标准下模型的最优滞后阶数，其次进行残差 LM 序列相关性检验：如果无显著序列相关，则可选择其作为模型的滞后期；如果不能通过检验，则利用上述方法从 8 阶滞后期向下逐一进行检验，选择不存在序列相关且 AIC 值最小的滞后期作为模型的滞后阶数。由于本书研究需要比较各货币政策中介目标与最终目标的相关性，为保证所建立的各 VAR 模型具有可比性，应选择相同的滞后阶数。根据以上综合分析，本节选择 1 阶作为各系统的滞后阶数，并对各系统进行稳定性检验，检验结果如图 7-1 所示，各 VAR 模型均处于平稳状态，可以进行下一步的脉冲响应函数分析。

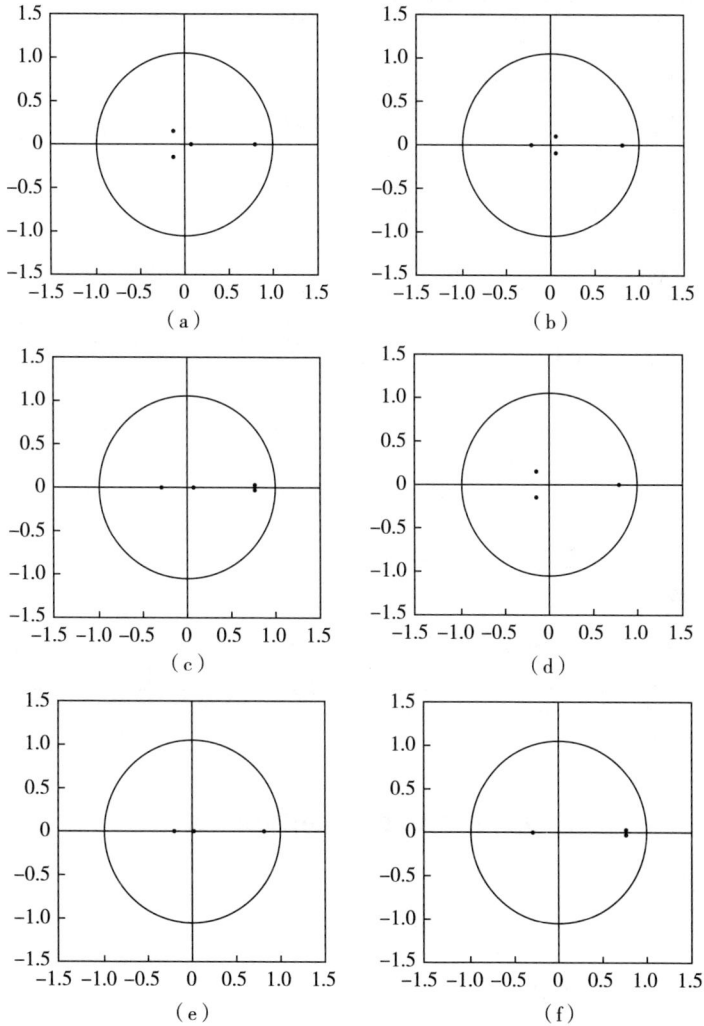

图 7-1　VAR 模型平稳性检验

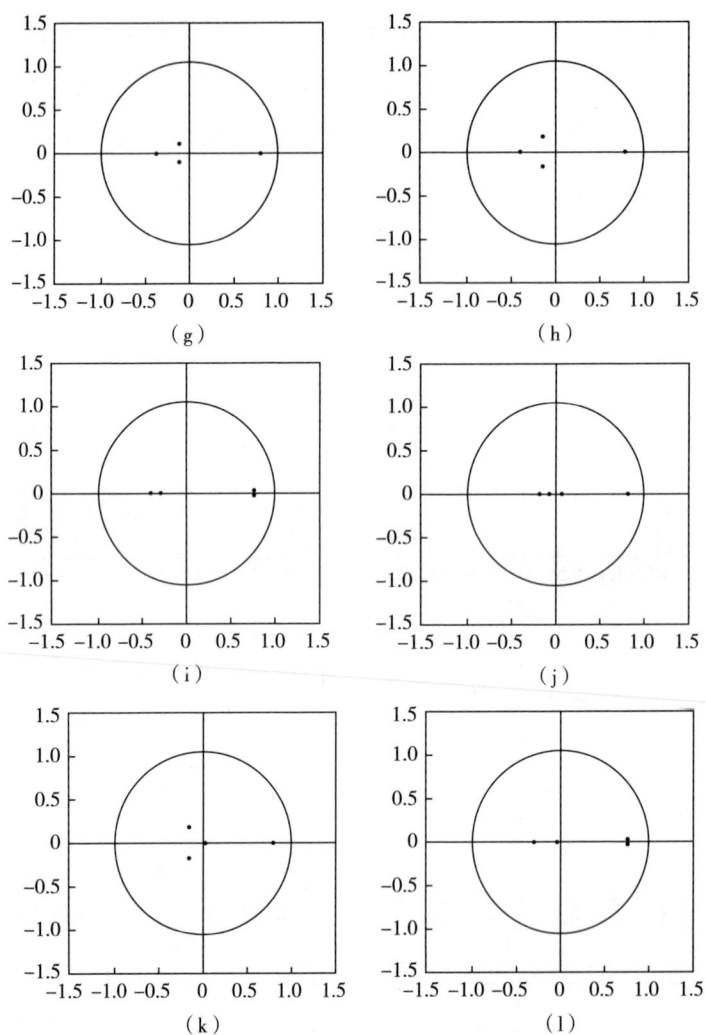

图 7-1　VAR 模型平稳性检验（续）

四、脉冲响应分析

本部分通过 VAR 模型脉冲响应函数分析各货币政策中介目标与最终目标的相关性，以及影子银行对该相关性的影响。

1. 各中介目标相关性检验

在现实经济环境中，影子银行对货币政策的影响不容忽视。这里比较分析货币供应量、社会融资规模和利率在影子银行变量存在时与货币政策最终目标的相关性。

通过对 S_1、S_2 和 S_3 模型进行估计，可以分别得出货币政策各中介目标变量对最终目标冲击响应的图形。图 7-2 显示出了通货膨胀率和工业增加值对货币供应量、社会融资规模以及利率 1 个单位正向冲击的响应情况。

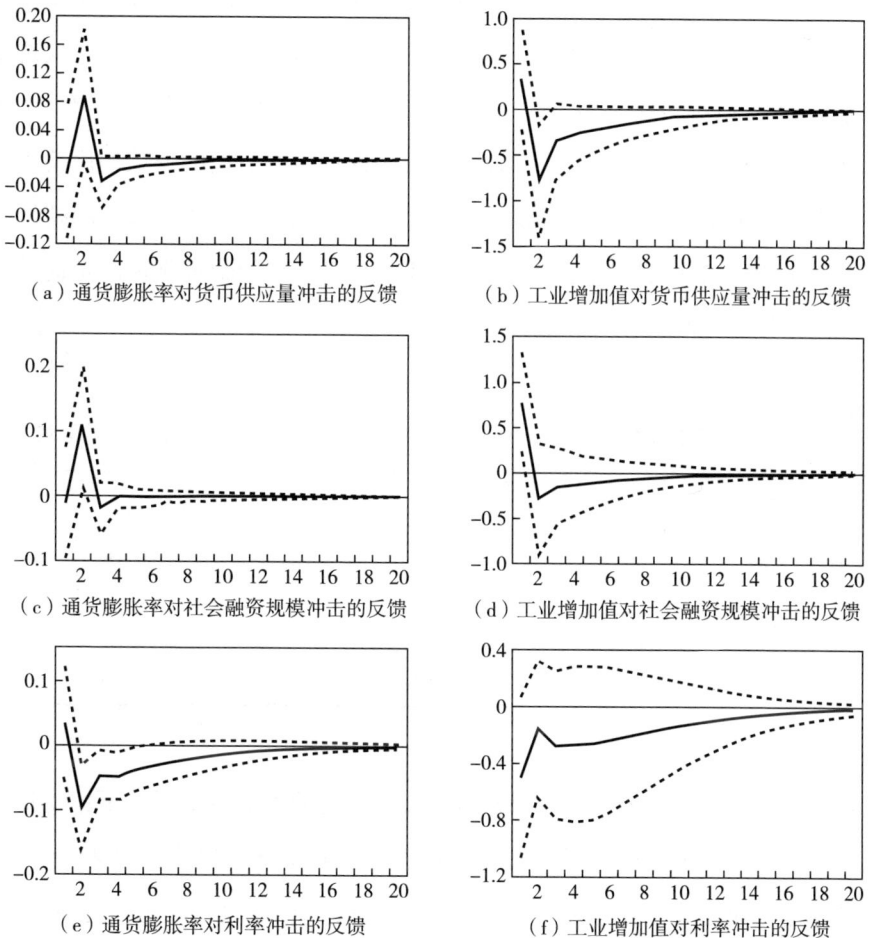

（a）通货膨胀率对货币供应量冲击的反馈

（b）工业增加值对货币供应量冲击的反馈

（c）通货膨胀率对社会融资规模冲击的反馈

（d）工业增加值对社会融资规模冲击的反馈

（e）通货膨胀率对利率冲击的反馈

（f）工业增加值对利率冲击的反馈

图 7-2　货币政策最终目标对各中介目标冲击的响应（包含影子银行变量）

注：实线表示货币政策最终目标对各中介目标冲击的响应，虚线表示上下 1 个标准差的偏离带。

从图 7-2 的脉冲响应图可以看出，在样本期内，货币政策最终目标通货膨胀率和产出对货币供应量、社会融资规模和利率冲击的反馈表现不同。受货币供应量 1 个单位的冲击，通货膨胀率会显著上升，并在第 2 个月上升幅度达到 0.09 个单位的正向最大幅度（见表 7-4），该正向影响效应持续 3 个月后不再显著。受社会融资规模 1 个单位的冲击，第 2 个月通货膨胀率上升幅度达到 0.112 个单位的正向最大幅度（见表 7-4），第 3 个月后的正向影响效应不再显著。与货币供应量和社会融资规模对通货膨胀率的正向冲击不同，利率对通货膨胀率的冲击为负向效应。受利率 1 个单位正向冲击，通货膨胀率显著降低，并在第 2 个月下降幅度达到 0.10 个单位的负向最大幅度（见表 7-4），随后负向冲击效应逐渐降低，第 14 个月后负向效应不再显著。可以看出，在通货膨胀率对各货币政策中介目标变量的冲击反馈幅度方面，社会融资规模冲击所引起的反馈幅度最大，对利率冲击的反馈幅度次之，货币供应量的影响效应最弱；在冲击效应的持续时间方面，利率的负向冲击持续时间最长，货币供应量与社会融资规模的正向冲击效应持续时间较短且两者较为一致。

表 7-4　货币政策最终目标对各中介目标冲击的最大响应幅度（含影子银行变量）

变量	P	Y
M2	0.09	0.35
AFRE	0.112	0.78
R	0.10	0.50

同样地，工业增加值对各货币政策中介目标的冲击效应情况如下：受货币供应量 1 个单位的冲击，第 1 个月工业增加值即上升 0.35 个单位（见表 7-4），随后正向冲击效应迅速下降，并在第 2 个月后正向效应不再显著；受社会融资规模 1 个单位的冲击，第 1 个月工业增加值上升 0.78 个单位（见表 7-4），之后冲击效应迅速下降，第 2 个月正向冲击效应消失。利率对工业增加值的冲击类似于对

通货膨胀率的冲击，表现出负向效应，受利率 1 个单位的正向冲击力影响，工业增加值第 1 个月即达到最大 0.50 个单位的下降幅度（见表 7-4），随后冲击效应缓慢减弱，并在第 17 个月后逐渐接近于 0。可以看出，工业增加值对社会融资规模冲击的反馈幅度最大，对利率冲击的反馈幅度次之，货币供应量的影响效应依然最弱；在冲击效应的持续时间方面，利率的负向冲击持续时间最长，货币供应量与社会融资规模的正向冲击效应持续时间较短且两者较为一致。

综上所述，社会融资规模的冲击引起货币政策最终目标变化的幅度最大，利率的冲击次之，货币供应量的影响效应最小。在对货币政策最终目标冲击的持续时间方面，货币供应量和社会融资规模的正向冲击效应持续时间较短，这也在一定程度上解释了货币政策的短期效应。利率冲击的负向效应可以持续较长时间，可能是由于利率市场化水平逐步提高，利率可以反映出货币资金供求状况，属于市场行为，因此对货币政策最终目标的影响作用持续时间较长是一种长期效应的体现。

2. 影子银行对中介目标相关性的影响

通过估计 S_4、S_5 和 S_6 模型，并与 S_1、S_2 和 S_3 模型进行对比，可以分析影子银行对货币政策中介目标与最终目标之间相关性的影响。在不包含影子银行变量的模型中，各中介目标对最终目标的冲击形态以及冲击持续时间与包含影子银行变量的模型基本一致，但最终目标对冲击的反馈幅度有所变化。

如图 7-3 所示，在 S_4 模型中，受货币供应量 1 个单位的冲击，通货膨胀率最大上升幅度达到 0.093 个百分点，工业增加值最大上升幅度达到 0.42 个百分点，而对应的包含影子银行变量的 S_1 模型分别为 0.09 个百分点和 0.35 个百分点（见表 7-5）。可以看出，在考虑影子银行影响时，货币供应量与货币政策最终目标通货膨胀率和工业增加值的相关性均有一定程度的降低。在 S_5 模型中，受社会融资规模 1 个单位的冲击，通货膨胀率最大上升幅度达到 0.112 个百分点，这与 S_2 模型中通货膨胀率的反馈幅度保持一致，而工业增加值则上升幅度达到 0.91 个百分点，高于 S_2 模型的 0.78 个百分点（见表 7-5）。显然，在考虑到影子银行的影响时，社会融资规模与产出的相关性有所下降。在 S_6 模型中，受利率 1 个单位的冲击，通货膨胀率最大下降幅度与 S_3 模型相同，达到 0.10 个百分点，工业增加值的最大下降幅度达到 0.43 个百分点，小于 S_3 模型的 0.50 个百分点（见表 7-5）。可见，在考虑影子银行的影响时，利率与产出的相关性提高了，其增强了利率向货币政策最终目标传导的效应。

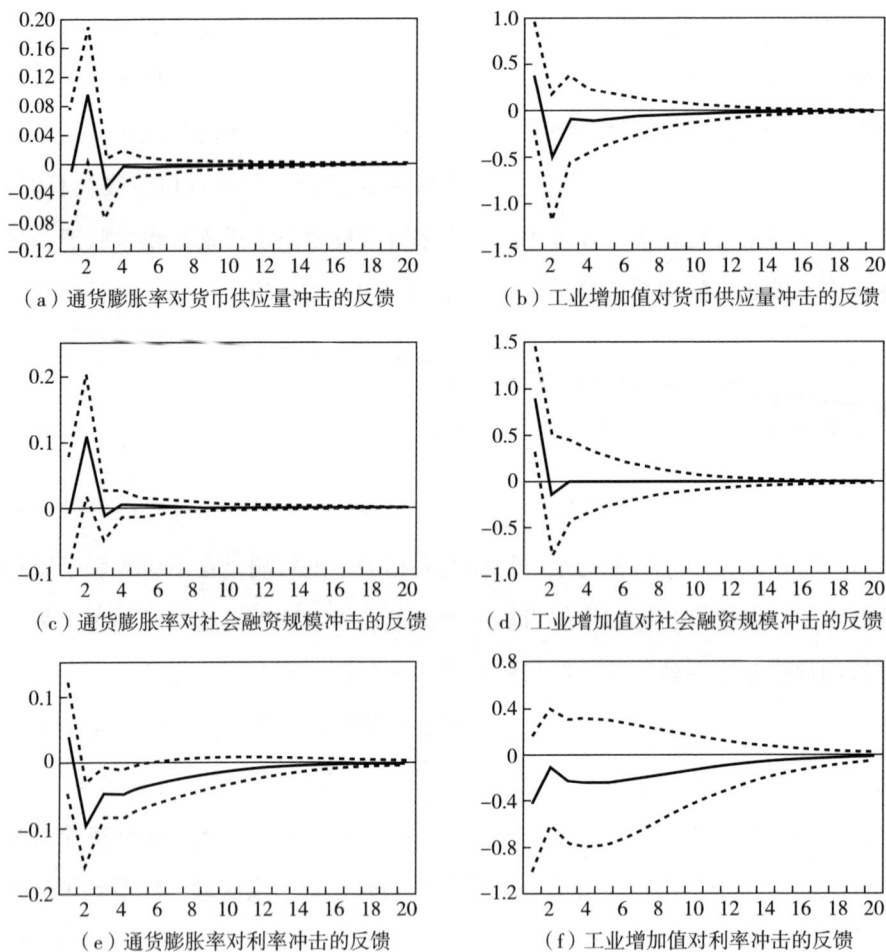

（a）通货膨胀率对货币供应量冲击的反馈　（b）工业增加值对货币供应量冲击的反馈

（c）通货膨胀率对社会融资规模冲击的反馈　（d）工业增加值对社会融资规模冲击的反馈

（e）通货膨胀率对利率冲击的反馈　（f）工业增加值对利率冲击的反馈

图 7-3　货币政策最终目标对各中介目标冲击的响应（不含影子银行变量）

注：实线表示货币政策最终目标对各中介目标冲击的响应，虚线表示上下 1 个标准差的偏离带。

表7-5　货币政策最终目标对各中介目标冲击的最大响应幅度

（含影子银变量与不含影子银行变量对比）

变量	含影子银行变量		不含影子银行变量	
	P	Y	P	Y
M2	0.09	0.35	0.093	0.42
AFRE	0.112	0.78	0.112	0.91
R	0.10	0.50	0.10	0.43

综上分析，货币供应量与最终目标的相关性最低，且其与产出及通货膨胀率的相关性均因影子银行影响而降低；社会融资规模与货币政策最终目标的相关性最高，但其与产出的相关性因影子银行影响而有所下降；利率与货币政策最终目标的相关性介于货币供应量和社会融资规模之间，但影子银行能够提升利率与产出的相关性，这可能是因为影子银行规模扩张属于经济主体规避监管、追逐利润的市场化行为，从而提升了利率指标的传导效果。

随着金融创新的不断发展，影子银行规模的快速扩张，金融系统的复杂性日益加剧，越来越复杂的金融环境对货币供应量指标统计的准确性以及实时性产生影响，其与实体经济主要指标之间的相关性已经大幅减弱。社会融资规模指标在结构上优于货币供应量，并且可以反映出资金对于实体经济的支持情况，其与实体经济主要指标的相关性高于货币供应量，应重视社会融资规模指标的使用，但需关注影子银行对该指标的影响。随着利率市场化的不断推进，利率传导机制的效率逐渐提升，利率指标与货币政策最终目标的相关性大幅提高，并超过了货币供应量。考虑影子银行所带来复杂金融环境的影响，数量型指标的有效性均有一定程度的下降，而价格型指标利率与货币政策最终目标保持了较为稳定的相关性，中介目标的功能逐渐凸显。

3. 影子银行规模扩张或收缩对货币政策中介目标相关性影响的对比分析

通过估计S_7、S_8和S_9模型可以得出在影子银行规模扩张阶段货币政策最终目标对各中介目标变量冲击的响应图形（见图7-4）。从脉冲响应图形可以看出，在影子银行规模扩张阶段，受货币供应量1个单位的冲击，通货膨胀率会逐渐上升，并在第2个月达到0.097个单位的正向最大幅度，随后该正向影响效应逐渐下降；工业增加值受货币供应量1个单位的冲击，第1个月即达到0.39个单位的正向最大上升幅度，随后正向冲击效应迅速下降。受社会融资规模1个单位的冲击，第2个月通货膨胀率上升幅度达到0.11个单位的正向最大幅度，第3个月后正向影响效应不再显著；工业增加值受社会融资规模1个单位的冲击，在第

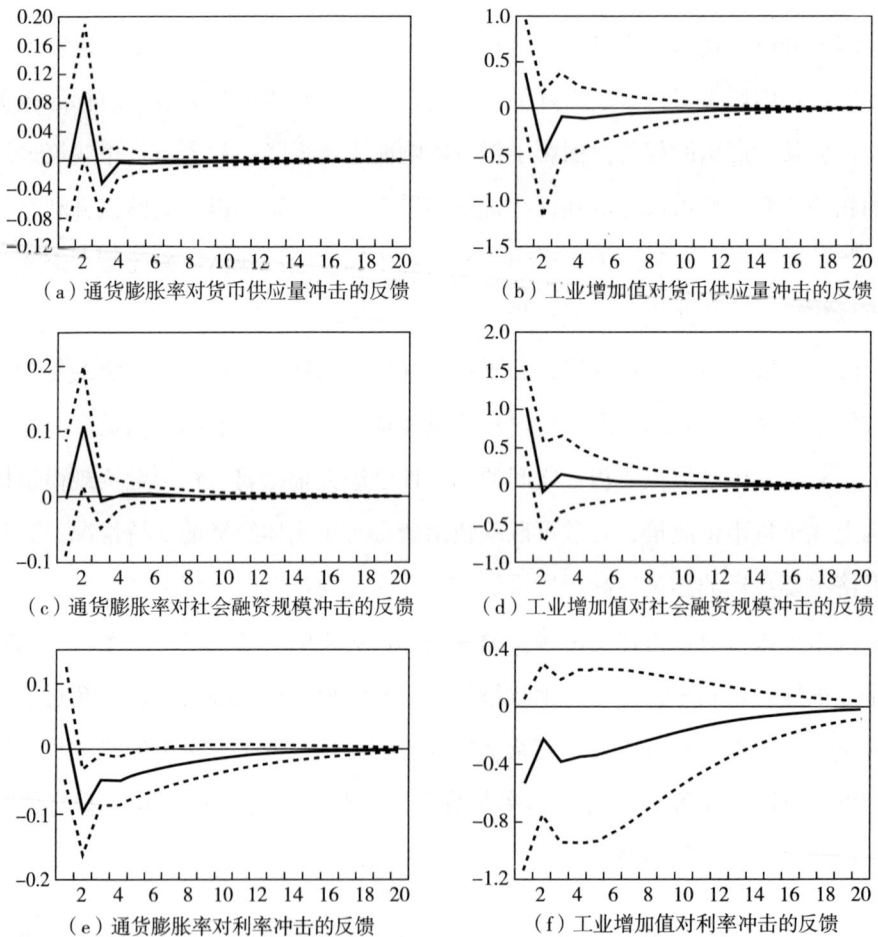

（a）通货膨胀率对货币供应量冲击的反馈　　（b）工业增加值对货币供应量冲击的反馈

（c）通货膨胀率对社会融资规模冲击的反馈　　（d）工业增加值对社会融资规模冲击的反馈

（e）通货膨胀率对利率冲击的反馈　　（f）工业增加值对利率冲击的反馈

图7-4　货币政策最终目标对各中介目标冲击的响应（影子银行规模扩张阶段）

注：实线表示货币政策最终目标对各中介目标冲击的响应，虚线表示上下1个标准差的偏离带。

1 个月即达到 1.02 个单位的正向最大上升幅度，之后正向冲击效应逐渐减弱。受利率 1 个单位的冲击，通货膨胀率在第 2 个月达到 0.1 个单位的最大负向下降幅度，随后负向冲击效应逐渐降低；工业增加值受利率 1 个单位的正向冲击，在第 1 个月即达到 0.53 个单位的最大负向下降幅度，随后负向效应缓慢减弱。

通过估计 S_{10}、S_{11} 和 S_{12} 模型可以得出，在影子银行规模收缩阶段货币政策最终目标对各中介目标变量冲击的响应图形（见图 7-5），对比 S_7、S_8 和 S_9 模型可以分析影子银行规模的扩张或紧缩带来的不同影响。

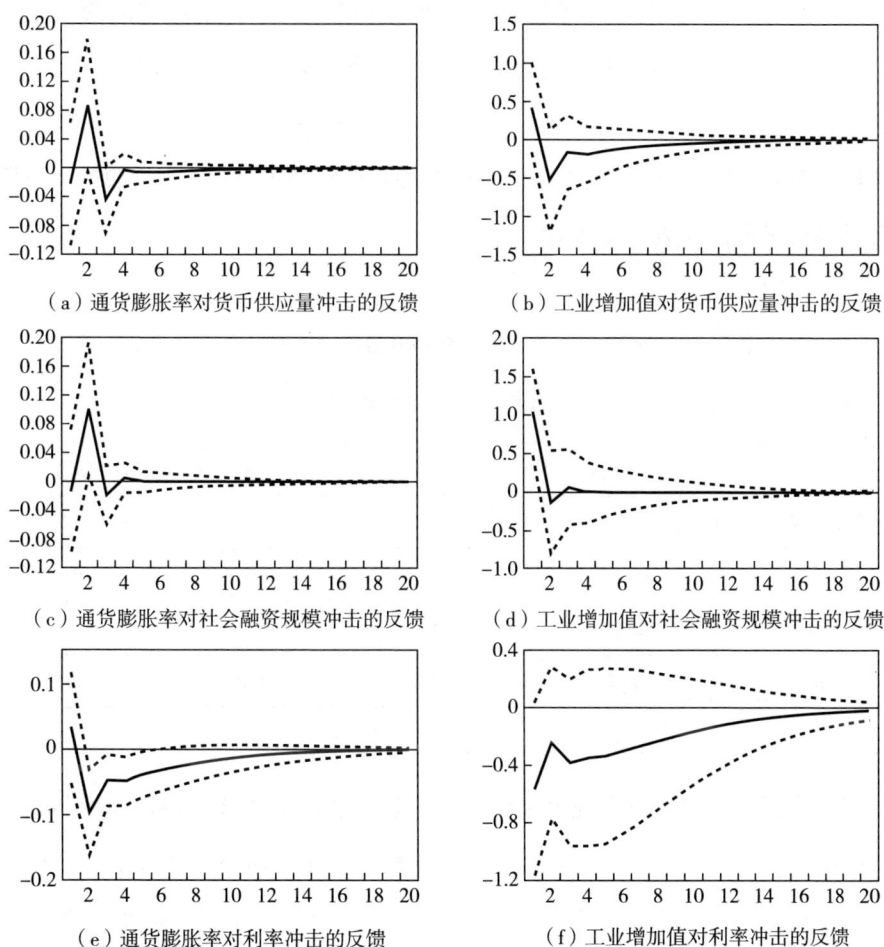

（a）通货膨胀率对货币供应量冲击的反馈

（b）工业增加值对货币供应量冲击的反馈

（c）通货膨胀率对社会融资规模冲击的反馈

（d）工业增加值对社会融资规模冲击的反馈

（e）通货膨胀率对利率冲击的反馈

（f）工业增加值对利率冲击的反馈

图 7-5 货币政策最终目标对各中介目标冲击的响应（影子银行规模紧缩阶段）

注：实线表示货币政策最终目标对各中介目标冲击的响应，虚线表示上下 1 个标准差的偏离带。

从图7-5可以看出，在影子银行规模收缩阶段，受货币供应量1个单位的冲击，通货膨胀率在第2个月达到0.088个单位的正向最大上升幅度，小于影子银行规模扩张阶段的最大0.097个单位的正向上升最高幅度；工业增加值受货币供应量1个单位的冲击后，正向最大上升幅度为0.42个单位，大于影子银行规模扩张阶段的最大0.39个单位的上升幅度。受社会融资规模1个单位的冲击，通货膨胀率最大上升幅度达到0.10个单位，小于影子银行规模扩张阶段的最大0.11个单位的上升幅度；工业增加值受社会融资规模1个单位的冲击，最大上升幅度为1.04个单位，大于影子银行规模扩张阶段的1.02个单位的最大上升幅度。受利率1个单位的冲击，通货膨胀率最大下降幅度为0.10个单位，相比于影子银行规模扩张阶段没有变化；工业增加值受利率1个单位的正向冲击，最大下降幅度为0.57个单位，大于影子银行规模扩张阶段0.53个单位的最大下降幅度。具体情况汇总如表7-6所示。

表7-6　货币政策最终目标对各中介目标冲击的最大响应幅度

（影子银行规模扩张与收缩阶段对比）

变量	影子银行规模扩张阶段		影子银行规模收缩阶段	
	P	Y	P	Y
M2	0.097	0.39	0.088	0.42
AFRE	0.11	1.02	0.10	1.04
R	0.10	0.53	0.10	0.57

综上分析，在影子银行规模扩张阶段，货币供应量和社会融资规模与通货膨胀率的相关性更高；在影子银行规模缩减阶段，货币供应量、社会融资规模和利率与工业增加值的相关性更高。原因可能是，我国的影子银行开展更多的是由商业银行所主导的理财、银信合作以及银证合作等通道业务，其资金在金融体系内部空转率较高，影子银行规模的快速扩张会进一步提升资金的空转率，冲

击金融市场负债端的货币供应量和资产端的社会融资规模，推升金融资产价格，并最终向通货膨胀率传递，导致数量型货币政策中介目标与通货膨胀率的相关性提高。而在影子银行规模紧缩阶段，商业银行收缩表外资金，回归表内经营，信贷业务占比提升，通道业务规模降低，使得资金在金融体系内部的空转率降低，影子银行资金进入实体经济的中间环节减少，资金由金融市场向实体经济传递的效率提升，这有利于数量型指标发挥作用，同时资金的价格更能够反映出实体经济的需求，从而提升了数量型和价格型货币政策中介目标与产出的相关性。

第五节　本章小结

本章首先分析了影子银行的发展对于数量型货币政策中介目标货币供应量和社会融资规模以及价格型货币政策中介目标利率的影响机制。其次，使用 2008 年 1 月至 2019 年 6 月数据构建 VAR 模型，在统一的框架下对比了货币供应量指标、社会融资规模指标以及利率指标与最终货币政策目标的相关性，并讨论了该相关性受影子银行影响的情况。根据脉冲响应函数分析，本章的主要研究结论如下：

第一，货币政策最终目标对社会融资规模冲击的反馈幅度最大，利率冲击效果次之，货币供应量冲击效果最弱。

第二，在对最终目标的冲击持续时间方面，利率持续时间最长，货币供应量和社会融资规模持续时间较短。

第三，货币供应量与产出及通货膨胀率的相关性受影子银行影响而减弱，社会融资规模与产出的相关性受影子银行影响有所降低，但影子银行增加了利率与产出的相关性。

第四，在影子银行规模扩张阶段，货币供应量和社会融资规模与通货膨胀率的相关性更高;在影子银行规模缩减阶段,货币供应量、社会融资规模和利率与产出的相关性更高。

本章通过构建 VAR 模型解决了本书的第三个研究问题,既对比了各中介目标与最终目标相关性的高低,又分析了影子银行对各中介目标相关性的影响情况。

第八章　研究结论与政策建议

第一节　研究结论

本书从影子银行周期性的角度，研究了影子银行周期性运作特征及其对货币政策目标的影响，并讨论了近年来金融监管从严导致的影子银行规模收缩对于实体经济的影响；从数量型、价格型调控框架的角度，研究了影子银行分别对同一货币政策工具在两种货币调控框架下的影响机制，以及影子银行对价格型调控框架下不同货币政策工具的影响机制；从货币政策中介目标与最终目标相关性的角度，研究了影子银行对货币政策传导的影响。

一、关于影子银行对货币政策目标的影响

利用 2008 年 1 月至 2019 年 6 月相关宏观经济变量数据构建 TVP-VAR 模型，时变脉冲响应分析结论如下：

第一，在研究的样本期内，影子银行运行的周期性发生了转变，由顺周期性转变为逆周期性，并再次由逆周期性转变为顺周期性，且影子银行的周期性表现出时变特征。

第二，在 2016 年上半年之前，影子银行对货币供应量总体上起到分流作用，而之后的金融监管从严阶段，影子银行则扩大了货币供应量。

第三，从货币政策最终目标来看，影子银行对 CPI 产生正向冲击效应；总体来看，影子银行在顺周期运行阶段能够促进经济增长，在逆周期运行阶段会抑制经济增长。

第四，近年来监管从严导致的影子银行规模快速收缩对经济增长没有产生明显的负面影响，但在一定程度上提升了通货膨胀率的波动性，不利于价格水平的平稳。

二、关于影子银行对货币政策工具的影响

利用 2008 年 1 月至 2018 年 12 月数据构建了数量型调控框架和价格型调控框架的 SVAR 模型，脉冲响应分析结论如下：

第一，在数量型调控框架下，影子银行降低了逆回购操作对于货币供应量的调控效率，但提升了市场基准利率对货币供应量的传导效率。

第二，在价格型调控框架下，影子银行提升了逆回购利率向市场基准利率的传导效率，以及市场基准利率向企业债到期收益率的传导效率。

第三，在价格型调控框架下，常规货币政策工具再贴现利率对企业债到期收益率的引导能力低于新型货币政策工具 MLF 利率对企业债到期收益率的引导能力。

第四，在价格型调控框架下，影子银行降低了再贴现利率向企业债到期收益率的传导效率，提升了 MLF 利率向企业债到期收益率的传导效率。

三、关于影子银行对货币政策传导的影响

使用 2008 年 1 月至 2019 年 6 月的月度数据构建了 VAR 模型，脉冲响应分析结论如下：

第一，货币政策最终目标对社会融资规模冲击的反馈幅度最大，利率冲击效果次之，货币供应量冲击效果最弱。

第二，货币政策最终目标对各中介目标冲击的响应持续时间方面，利率冲击持续时间最长，货币供应量和社会融资规模冲击持续时间较短。

第三，货币供应量与产出及通货膨胀率的相关性受影子银行影响而减弱，社会融资规模与产出的相关性受影子银行影响也有所减弱，但影子银行增强了利率与产出的相关性。

第四，在影子银行规模扩张阶段，货币供应量、社会融资规模与通货膨胀率的相关性更高，在影子银行规模缩减阶段，货币供应量、社会融资规模、利率与产出的相关性更高。

第二节 政策建议

首先，根据影子银行对货币政策目标影响的研究结论，提出以下政策建议：

第一，加强对影子银行运行周期性的监测，引导影子银行进入合理发展轨道。影子银行在一定程度上满足了实体经济的融资需求，是对商业银行信贷的有益补充，已经发展成为我国金融市场的重要组成部分，促进了我国多层级金融市场的发展。同时，影子银行的市场化定价机制也有助于推动货币政策向价格型调控转型。但若影子银行规模快速扩张或收缩，则可能会对金融市场与实体经济产生负面影响，不利于货币政策转型与实体经济发展。由于影子银行运行周期的不同，其对货币政策的影响也有所不同。影子银行在顺周期运行阶段可能会抵消货币政策调控效果，而在逆周期运行阶段可能会放大货币政策调控效果。因此，应引导影子银行进入平稳发展轨道，并加强对影子银行运行周期性的监控，依据其所处周期性阶段精准施策。

第二，扩充货币供应量指标的统计范围，将影子银行所创造的信用规模计入指标内。从目前货币政策转型时期来看，我国货币政策调控尚未形成明确的新中介目标，影子银行运行的周期性变化不利于货币供应量指标发挥中介目标作用，在此情况下，将影子银行纳入货币供应量指标统计范畴，有助于完善数量型货币政策中介目标，使其在货币政策调控转型时期继续发挥作用。同时，应进一步加强利率体系的建设，打通不同层次利率间的阻隔，促进货币政策框架的转型。

其次，根据影子银行对货币政策工具影响的研究结论，提出以下政策建议：

第一，注重发挥常规市场化政策工具在价格型调控框架下的调控效力。从本书研究结果来看，影子银行的存在降低了逆回购工具在数量型调控框架下的调控效力，提升了其在价格型调控框架下的调控效力，抗影子银行干扰能力较强。因此，将常规的市场化政策工具用于价格型调控，在当前货币政策转型时期，有利于货币政策工具使用的平稳过渡。

第二，价格型调控应由行政手段向市场化方向转型。本书研究结果显示，在价格型调控框架下，市场招标形成的 MLF 利率对市场利率的引导能力高于由中央银行直接行政决定的再贴现利率，且不易受影子银行的干扰。因此，价格型调控应更加倚重市场化工具和传导机制，逐步减少使用行政调控手段。

第三，综合运用常规型与新型结构性货币政策工具，注重"量"与"价"的平衡（张晓慧，2015）。综合运用常规与新型结构性货币政策工具，有利于进一步增强流动性管理的灵活性和有效性，保持金融体系流动性合理稳定，为金融稳定与经济高质量发展营造适宜的流动性环境。在经济高质量发展阶段，货币政策不仅面临总量上的挑战，还面临结构性难题，已不再适宜依靠货币信贷的"大水漫灌"来拉动经济增长，在控制好总量的前提下，应注重发挥结构性货币政策工具的"精准灌溉"作用，中央银行需明确不同类型货币政策工具的分工，以发挥总量调节与结构性调节的协同作用，引导金融机构加大对国民经济重点领域和薄弱环节的支持力度。

再次，根据影子银行对货币政策传导影响的研究结论，提出以下政策建议：

第一，注重各数量型指标的配合使用。货币供应量指标与最终目标的相关性已显著下降，且影子银行等复杂金融环境对该相关性带来较大的影响。社会融资规模与实体经济主要指标之间相关性较高，虽然其与产出之间的相关性会受影子银行影响而下降，但是不失为数量型指标货币供应量的有益补充，两者分属金融市场的资产端和负债端，货币供应量指标可以反映资金总需求情况，社会融资规模指标可以反映出资金结构信息，两者结合使用有利于促进我国经济结构调整。

第二，应注重数量型与价格型指标搭配使用。我国当前处于货币政策调控转型过渡阶段，货币政策传导机制畅通程度相比于发达经济体有一定差距，无法通过只关注并调控一个中介目标即达到政策效果，需要结合使用数量型及价格型中介目标。在当前货币金融环境复杂化背景下，货币需求稳定性已大幅下降，如果只关注数量型指标（货币供应量、社会融资规模），可能会导致利率波动幅度加大；如果只关注价格型指标，又可能因为价格型传导机制尚未完全通畅而影响货币政策效果。因此，统筹数量型、价格型中介目标的使用，更有利于全面监测货币政策调控的效果，保证金融体系对实体经济的资金支持，促进货币政策调控向市场化方向完善。

第三，逐步给予价格型指标更大的权重，建立价格型调控框架下的目标传导体系。利率与产出和通货膨胀率的相关性明显大于货币供应量，且冲击持续时间长，与最终目标的相关性受影子银行影响较弱，利率指标的中介目标功能已逐步凸显。随着利率市场化不断完善，不同层次利率之间传导架构逐渐形成，货币政策最终目标对利率的敏感程度上升，以利率作为货币政策中介目标有一定的合理性，且利率调控也是我国货币政策转型的方向之一，应尽快确定合适的利率中介目标。

最后，根据我国货币政策调控转型的方向，结合本书的主要研究结论，提出以下政策建议：

第一，进一步加快债券、股权等直接融资市场发展，打牢价格型调控的市场基础。价格型调控是我国货币政策转型的方向之一，为更好地发挥利率、资产价格等价格机制的作用，需进一步提高金融市场的深度与广度，提升直接融资比重，完善多层次资本市场结构。

第二，深入推进利率市场化改革。利率市场化改革是我国金融体制改革关键性因素之一，有利于提高金融机构市场定价能力，是完善利率定价的市场基础，为金融市场深化发展与金融机构转型提供市场推手，为货币政策调控框架向价格型转变奠定基础。应强化中央银行货币政策工具利率向市场利率传导的能力，探索和完善利率走廊机制，增强利率调控能力，进一步疏通中央银行政策利率向金融市场及实体经济的传导，推动利率体系并轨，促进货币政策框架转型。

参考文献

［1］ Acharya V V, Qian J, Su Y, et al. In the Shadow of Banks: Wealth Management Products and Issuing Banks's Risk in China ［R］. Working Paper, 2015.

［2］ Acharyav V, Steffen S. Capital Markets Union in Europe: Why Other Unions Must Lead the Way ［J］. Swiss Journal of Economics and Statistics, 2016, 152 （4）: 319-329.

［3］ Adisunderam A. Money Creation and the Shadow Banking System ［J］. Review of Financial Studies, 2015, 28 （4）: 939-977.

［4］ Barth J R, Li T, Shi W, et al. China's Shadow Banking Sector: Beneficial or Harmful to Economic Growth? ［J］. Journal of Financial Economic Policy, 2015, 7 （4）: 421-445.

［5］ Bernanke B, Gertler M. Inside the Black Box ［J］. Journal of Economic Perspectives, 1995, 9 （4）: 27-48.

［6］ Bhattacharyya S, Nanda V. Client Discretion, Switching Costs, and Financial Innovation ［J］. Review of Financial Studies, 2000, 13 （4）: 1101-1027.

［7］ Bindseil U. Monetary Policy Implementation ［M］. New York: Oxford University Press, 2004.

［8］ Blanchard O, Dell'Ariccia G, Mauro P. Rethinking Macroeconomic Policy ［J］. Journal of Money, Credit and Banking, 2010, 42 （S1）: 199-215.

［9］ Chen K J, Ren J, Zha T. What We Learn from China's Rising Shadow

Banking: Exploring the Nexus of Monetary Tightening and Banks' Role in Entrusted Lending [R]. Working Paper, 2016.

[10] Chen K, Ren J, Zha T. The Nexus of Monetary Policy and Shadow Banking in China [J]. American Economic Review, 2018, 108 (12): 3891-3936.

[11] Chen Z, He Z G, Liu C. The Financing of Local Government in China: Stimulus Loan Wanes and Shadow Banking Waxes [J]. Journal of Financial Economics, 2020, 137 (1): 42-71.

[12] Claessen S, Pozsar Z, Ratnovski L, et al. Shadow Banking: Economics and Policy [R]. IMF Staff Discussion Note, 2012.

[13] Dang T V, Wang H, Yao A. Chinese Shadow Banking: Bank-Centric Misperceptions [R]. HKIMR Working Paper, 2014.

[14] Den Haan W J, Sterk V. The Myth of Financial Innovation and the Great Moderation [J]. The Economic Journal, 2011, 121 (553): 707-739.

[15] Financial Stability Board. Policy Framework for Addressing Shadow Banking Risks in Securities Lending and Repos [R]. Financial Stability Board, Consultative Document, 2013.

[16] Financial Stability Board. Shadow Banking: Strengthening Oversight and Regulation [R]. 2011.

[17] Friedman B, Kuttner K. Implementation of Monetary Policy [J]. In Handbook of Monetary Economics, 2011, 3 (2): 1345-1438.

[18] Funke M, Mihaylovski P, Zhu H B. Monetary Policy Transmission in China: A Dsge Model with Parallel Shadow Banking and Interest Rate Control [R]. Working Paper, 2015.

[19] Gennaioli N, Shleifer A, Vishny R W. A Model of Shadow Banking [J]. The Journal of Finance, 2013, 68 (4): 1331-1363.

[20] Gorton G, Metrick A. Regulating the Shadow Banking System [J]. Brookings Papers on Economic Activity, 2010, 41 (2): 261-297.

［21］ Gorton G, Metrick A. Securitized Banking and the Run on Repo ［J］. Journal of Financial Economics, 2009, 104 (3): 425-451.

［22］ Greenbaum S I, Haywood C F. Secular Change in the Financial Service Industry ［J］. Journal of Money, Credit and Banking, 1971, 3 (2): 571-589.

［23］ Hachem K C, Song Z M. Liquidity Regulation and Unintended Financial Transformation in China ［R］. National Bureau of Economic Research, 2016.

［24］ Hachem K C, Song Z M. The Rise of China's Shadow Banking System ［C］. Society for Economic Dynamics, 2015.

［25］ Jiménez G, Ongena S, Peydró J L. Hazardous Times for Monetary Policy: What Do Twenty-Three Million Bank Loans Say about the Effects of Monetary Policy on Credit Risk-Taking ［J］. Econometrica, 2014, 82 (2): 463-505.

［26］ Loutskina E. The Role of Securitization in Bank Liquidity and Funding Management ［J］. Journal of Financial Economics, 2011, 100 (3): 663-684.

［27］ Marques L B, Ichiue H, Arregui N, et al. Monetary Policy and the Rise of Nonbank Finance ［A］//International Monetary Fund ［C］. Global Financial Stability Report: Fostering Stability in a Low-Growth, Low-Rate Era, 2016: 49-80.

［28］ Mazelis F. Monetary Policy Effects on Financial Intermediation via the Regulated and the Shadow Banking Systems ［R］. SFB Discussion Papers, 2014.

［29］ McCulley P. Teton Reflections ［R］. PIMCO Global Central Bank Focus, 2007.

［30］ Mishkin F S. The Economics of Money, Banking and Financial Markets ［M］. New York: Pearson, 2009.

［31］ Moe T G. Shadow Banking: Policy Challenges for Central Banks ［J］. Journal of Financial Perspectives, 2015, 3 (2): 31-42.

［32］ Nakajima J. Time-varying Parameter VAR Model with Stochastic Volatility: An Overview of Methodology and Empirical Applications ［J］. Monetary and Economic Studies, 2011 (29): 107-142.

［33］ Nelson B, Pinter G, Theodoridis K. Do Contractionary Monetary Policy Shocks Expand Shadow Banking? ［R］. Bank of England Working Paper No. 521, 2015.

［34］ Nelson E. The Future of Monetary Aggregates in Monetary Policy Analysis ［J］. Journal of Monetary Economics, 2003, 50 (5): 1029-1059.

［35］ Ngalawa H, Viegi N. Interaction of Formal and Informal Financial Markets in Quasi – emerging Market Economies ［J］. Economic Modelling, 2013, 31 (c): 614-624.

［36］ Panageas K G. The Decline and Fall of the Securitization Markets ［R］. J. P. Morgan Report, 2009.

［37］ Plantin G. Shadow Banking and Bank Capital Regulation ［J］. The Review of Financial Studies, 2014, 28 (1): 146-175.

［38］ Pozar Z, Adrian T, Ashcraft A. Shadow Banking ［R］. Federal Reserve Bank of New York Staff Reports No. 458, 2010.

［39］ Pozsar Z, Singh M. The Nonbank – bank – Nexus and the Shadow Banking System ［R］. IMF Working Paper, 2011.

［40］ Pozsar Z. Institutional Cash Pools and the Triffin Dilemma of the US Banking System ［J］. Financial Markets, Institutions & Instruments, 2013, 22 (5): 283-318.

［41］ Sheng A, Soon N C. Bringing Shadow Banking into the Light: Opportunity for Financial Reform in China ［R］. Fung Global Institute Report, 2015.

［42］ Sheng A. Financial Crisis and Global Governance: A Network Analysis ［R］. Commission on Growth and Development, 2010.

［43］ Shin H S. Securitisation and Financial Stability ［J］. The Economic Journal, 2009, 119 (536): 309-332.

［44］ Smaghi L B. Monetary Policy Transimission in a Changing Financial System – Lessons from the Recent Past, Thoughts about the Future ［R］. The Executive Board of the European Central Bank Barclays Global Inflation Conference，2010.

［45］Stein J C. Monetary Policy as Financial Stability Regulation［J］. The Quarterly Journal of Economics，2012，127（1）：57-95.

［46］Sunderam A. Money Creation and the Shadow Banking System［R］. Harvard Business School Working Paper，2012.

［47］Torben W H，Bernd K. Monetary Policy and the Credit Channel：Broad and Narrow［J］. Eastern Economic Journal，2011（37）：403-416.

［48］Tuuli K. Has the Chinese Economy Become More Sensitive to Interest Rates? Studying Credit Demand in China［J］. China Economic Review，2009，20（3）：455-470.

［49］Verona F，Martins M M F，Drumond I. Monetary Policy Shocks in a DSGE Model with a Shadow Banking System［R］. CEF. UP Working Paper No. 2011-01，2011.

［50］Verona F，Martinsz M，Drumond I.（Un）Anticipated Monetary Policy in a DSGE Model with a Shadow Banking System［J］. International Journal of Central Banking，2013，9（3）：78-124.

［51］Wang H，Wang H L，Wang L S，et al. Shadow Banking：China's Dual-Track Interest Rate Liberalization［R］. Working Paper，2016.

［52］Wen S，Ma J，Pan Y，et al. The Impact of Business Scale of "Shadow Banking" on Credit Risk of Commercial Banks—Take Ten Domestic Listed Commercial Banks as Examples［J］. International Journal of Economics and Finance，2017，9（5）：94-105.

［53］Woodford M. Financial Intermediation and Macroeconomic Analysis［J］. Journal of Economic Perspectives，2010，24（4）：21-44.

［54］巴曙松. 应从金融结构演进角度客观评估影子银行［J］. 经济纵横，2013（4）：27-30.

［55］毕燕君. 我国货币政策数量型工具调控绩效的测度［J］. 统计与决策，

2018, 34 (4)：153-156.

[56] 步艳红，赵晓敏，杨帆．我国商业银行同业业务高杠杆化的模式、影响和监管研究 [J]．金融监管研究，2014 (2)：33-46.

[57] 蔡雯雯．影子银行信用创造及对货币政策的影响 [J]．宏观经济研究，2015 (10)：44-53.

[58] 常凯，葛方平，程紫瑶，等．影子银行体系对货币供应的影响——基于 VAR 模型和脉冲响应的实证分析 [J]．财会月刊，2017 (32)：107-111.

[59] 陈继勇，甄臻．后危机时代中美影子银行形成机制、风险特征比较及对策研究 [J]．武汉大学学报，2013 (6)：90-96.

[60] 陈剑，张晓龙．影子银行对我国经济发展的影响——基于 2000-2011 年季度数据的实证分析 [J]．财经问题研究，2012 (8)：66-72.

[61] 陈利锋．影子银行、中国经济波动与社会福利 [J]．国际商务 (对外经济贸易大学学报)，2016 (3)：105-115.

[62] 程贵，万解秋，李萌．我国现行货币政策调控效率研究——基于近 17 年来数据的实证分析 [J]．经济经纬，2016, 33 (4)：150-154.

[63] 邓超，唐莹，杨文静．影子银行体系对我国金融稳定性的影响研究 [J]．经济经纬，2016 (5)：149-154.

[64] 范方志．影子货币及其影响货币政策传导的理论探讨 [J]．中央财经大学学报，2016 (11)：39-46+56.

[65] 方先明，权威．信贷型影子银行顺周期行为检验 [J]．金融研究，2017 (6)：64-80.

[66] 方先明，权威．影子银行规模变动的金融资产价格效应 [J]．经济理论与经济管理，2018 (2)：39-50.

[67] 冯科，王一宇．中国影子银行对货币政策传导影响研究 [J]．首都师范大学学报 (社会科学版)，2016 (3)：50-57.

[68] 高然，陈忱，曾辉，等．信贷约束、影子银行与货币政策传导 [J]．经济研究，2018 (12)：68-82.

[69] 耿同劲. 货币空转及其治理 [J]. 金融理论与实践，2017（2）：77-80.

[70] 郭娜，马莹莹，张宁. 我国影子银行对银行业系统性风险影响研究——基于内生化房地产商的 DSGE 模型分析 [J]. 南方经济，2018（8）：29-46.

[71] 贺军. 对"影子银行"也要一分为二 [J]. 金融管理与研究，2011（11）：37-38.

[72] 胡利琴，陈锐，班若愚. 货币政策、影子银行发展与风险承担渠道的非对称效应分析 [J]. 金融研究，2016（2）：154-162.

[73] 胡志鹏. "影子银行"对中国主要经济变量的影响 [J]. 世界经济，2016，39（1）：152-170.

[74] 黄益平，常健，杨灵修. 中国的影子银行会成为另一个次债？[J]. 国际经济评论，2012（2）：42-51.

[75] 黄志刚，刘丹阳. 货币政策、资本监管与影子银行——基于微观视角的非对称性研究 [J]. 金融监管研究，2019（12）：82-99.

[76] 纪洋，谭语嫣，黄益平. 金融双轨制与利率市场化 [J]. 经济研究，2016（6）：45-57.

[77] 贾生华，董照樱子，陈文强. 影子银行、货币政策与房地产市场 [J]. 当代经济科学，2016，38（3）：13-19+30.

[78] 江世银，沈佳倩. 影子银行对我国货币供应量与经济增长的影响——基于 VAR 模型 [J]. 社会科学研究，2019（6）：24-31.

[79] 解凤敏，李媛. 中国影子银行的货币供给补充与替代效应——来自货币乘数的证据 [J]. 金融论坛，2014（8）：20-28.

[80] 蓝虹，穆争社. 论我国影子银行的发展与监管 [J]. 中南财经政法大学学报，2014（6）：37-42.

[81] 李波，伍戈. 影子银行的信用创造功能及其对货币政策的挑战 [J]. 金融研究，2011（12）：77-84.

[82] 李丛文，闫世军. 我国影子银行对商业银行的风险溢出效应——基于 GARCH-时变 Copula-CoVaR 模型的分析 [J]. 国际金融研究，2015（10）：

64-75.

　　[83] 李丛文. 中国影子银行与货币政策调控——基于时变 Copula 动态相关性分析 [J]. 南开经济研究, 2015 (5): 40-58.

　　[84] 李存, 杨大光. 影子银行对我国货币政策的影响与对策 [J]. 经济纵横, 2016 (7): 88-92.

　　[85] 李方, 段福印. 新货币政策环境下的中国货币政策框架完善 [J]. 经济学家, 2013 (10): 62-69.

　　[86] 李建伟, 李树生. 影子银行、利率市场化与实体经济景气程度——基于 SVAR 模型的实证研究 [J]. 中南财经政法大学学报, 2015 (3): 56-62.

　　[87] 李锦成. 中国影子银行与股票市场的动态结构相关性——基于小波分析法的实证分析及金融风险防控启示 [J]. 西部论坛, 2018, 28 (4): 77-85.

　　[88] 李佩珈, 李赫. 把握"稳金融"的内涵与方向 [J]. 中国金融, 2018 (17): 62-63.

　　[89] 李向前, 孙彤. 影子银行对我国货币政策有效性的影响 [J]. 财经问题研究, 2016 (1): 49-55.

　　[90] 李向前, 诸葛瑞英, 黄盼盼. 影子银行系统对我国货币政策和金融稳定的影响 [J]. 经济学动态, 2013 (5): 81-87.

　　[91] 李新功. 影子银行对我国货币供应量影响的实证分析 [J]. 当代经济研究, 2014 (1): 71-75.

　　[92] 李扬. 影子银行体系发展与金融创新 [J]. 中国金融, 2011 (12): 31-32.

　　[93] 李原. 从新常态到新时代——2011~2016 年金融学重点研究进展 [J]. 经济体制改革, 2018 (3): 12-18.

　　[94] 梁斯. 货币政策操作框架转型及货币政策工具的使用 [J]. 金融理论与实践, 2018 (8): 10-15.

　　[95] 梁斯. 流动性"紧平衡"与货币政策操作——对结构性流动性短缺操作框架的思考 [J]. 南方金融, 2017 (9): 18-25.

［96］梁斯．新货币政策框架下的货币供给机制：强化与纠偏［J］．新金融，2017（9）：32-35.

［97］梁斯．中国货币政策操作框架的转变及实践［J］．清华金融评论，2018（8）：69-72.

［98］林琳，曹勇，肖寒．中国式影子银行下的金融系统脆弱性［J］．经济学（季刊），2016（2）：1113-1136.

［99］刘超，马玉洁．影子银行系统对我国金融发展、金融稳定的影响——基于2002-2012年月度数据的分析［J］．经济学家，2014（4）：72-80.

［100］刘翠．影子银行体系对我国货币政策工具规则选择的影响——基于DSGE模型的数值模拟分析［J］．财经论丛，2017（8）：55-64.

［101］刘翠．影子银行体系对我国货币政策目标规则选择的影响——基于IS-Philips模型的分析［J］．江西社会科学，2016，36（12）：45-52.

［102］刘冬姣，冀志斌，贾腾．供给侧结构性改革、货币政策与企业创新——第十届中国金融与投资论坛暨《2017中国金融发展报告》成果发布会综述［J］．经济研究，2017，52（9）：204-208.

［103］刘海明，曹廷求．基于微观主体内生互动视角的货币政策效应研究［J］．经济研究，2016（5）：159-171.

［104］刘金全，郑获．我国不同种货币传导渠道有效性的实时对比——基于广义货币分解与影子银行双重视角［J］．南京社会科学，2019（5）：9-17.

［105］刘菊芹，曹晓飞．中国式影子银行信用创造对货币政策影响的研究［J］．西安财经学院学报，2017，30（4）：20-28.

［106］刘璐．货币政策、宏观经济波动与我国影子银行发展的研究［J］．吉林金融研究，2016（1）：6-13.

［107］刘喜和，郝毅，田野．影子银行与正规金融双重结构下中国货币政策规则比较研究［J］．金融经济学研究，2014（1）：15-26.

［108］刘向明，邓翔欧．双周期不同步、结构性失衡与货币政策传导困局——基于商业银行的视角［J］．金融论坛，2019，24（2）：3-11.

［109］龙建成，樊晓静，张雄．利率变动、影子银行与中小企业融资［J］．金融论坛，2013（7）：40-45.

［110］鲁篱，潘静．中国影子银行的监管套利与法律规制研究［J］．社会科学，2014（2）：101-107.

［111］陆晓明．中美影子银行系统比较分析和启示［J］．国际金融研究，2014（1）：55-63.

［112］吕思聪，赵栋．货币政策、影子银行和银行间市场利率［J］．国际金融研究，2019（2）：43-53.

［113］骆振心，冯科．影子银行与我国货币政策传导［J］．武汉金融，2012（4）：19-22.

［114］马洪超，易崇艳．影子银行对中国货币政策的异化效应及应对研究［J］．理论探讨，2018（6）：96-101.

［115］马亚明，常军，佟淼．新利率双轨制、企业部门杠杆率差异与我国货币政策传导——考虑影子银行体系的 DSGE 模型分析［J］．南开经济研究，2018（6）：57-73.

［116］马亚明，段奇奇．中国影子银行顺周期性及其货币政策效应——基于 TVP-VAR 模型的分析［J］．现代财经，2018（12）：146-157.

［117］马亚明，王虹珊．影子银行、金融杠杆与中国货币政策规则的选择［J］．金融经济学研究，2018，33（1）：22-35.

［118］马亚明，徐洋．影子银行、货币窖藏与货币政策冲击的宏观经济效应——基于 DSGE 模型的分析［J］．国际金融研究，2017（8）：54-64.

［119］毛泽盛，许艳梅．影子银行、信贷渠道与货币政策非对称效应［J］．财经论丛，2015（3）：39-47.

［120］毛泽盛，周舒舒．企业影子银行化与货币政策信贷渠道传导——基于 DSGE 模型的分析［J］．财经问题研究，2019（1）：59-65.

［121］孟祥娟．委外规模测算及去杠杆影响分析［R］．申万宏源研究报告，2016.

［122］莫易娴．金融创新相关理论的综述［J］．江淮论坛，2012（1）：39-43．

［123］宁龙，黄安仲．我国银行业的技术创新与X效率——基于影子利润函数估计［J］．江汉论坛，2019（3）：17-23．

［124］牛慕鸿，张黎娜，张翔．利率走廊、利率稳定性和调控成本［J］．金融研究，2017（7）：16-28．

［125］潘长春，李晓．M2指标失效与货币政策转型——基于货币创造渠道结构分解的视角［J］．经济学家，2018（2）：28-35．

［126］潘海英，向鹏超．影子银行体系发展对货币政策效果的冲击研究——基于信贷配给视角［J］．河海大学学报（哲学社会科学版），2017，19（4）：47-51+91．

［127］彭文玉，孙英隽．影子银行信用创造机制及其对货币供应的影响［J］．金融理论与实践，2013（10）：51-55．

［128］曲昭光，王湃．基于动态随机一般均衡模型的我国影子银行研究［J］．金融理论与实践，2018（3）：9-17．

［129］任行伟，邢天才，张鑫．影子银行、货币政策与房地产价格［J］．经济与管理，2019，33（4）：58-64．

［130］申立敬，史燕平，李连梦．货币政策通过融资租赁传导的有效性研究［J］．管理现代化，2019，39（5）：21-23．

［131］沈悦，谢坤锋．影子银行发展与中国的经济增长［J］．金融论坛，2013（3）：9-14．

［132］盛松成，谢洁玉．社会融资规模与货币政策传导——基于信用渠道的中介目标选择［J］．中国社会科学，2016（12）：60-82．

［133］时辰宙．监管套利：现代金融监管体系的挑战［J］．新金融，2009（7）：11-15．

［134］苏乃芳，李宏瑾．相机抉择、简单规则与完全承诺最优货币政策——新常态下的中国货币政策决策方式选择［J］．国际金融研究，2018（2）：30-40．

［135］汤铎铎，张莹．实体经济低波动与金融去杠杆——2017年中国宏观经济中期报告［J］．经济学动态，2017（8）：4-17.

［136］汤克明．影子银行体系发展及其对货币政策传导机制的影响［J］．武汉金融，2013（3）：26-28.

［137］万晓莉，郑棣，郑建华．中国影子银行监管套利演变路径及动因研究［J］．经济学家，2016（8）：38-45.

［138］汪涛，胡志鹏．影子银行的风险［R］．UBS全球经济研究报告，2012.

［139］王浡力，李建军．中国影子银行的规模、风险评估与监管对策［J］．中央财经大学学报，2013（5）：20-25.

［140］王博，刘永余．影子银行信用创造机制及其启示［J］．金融论坛，2013（3）：3-8.

［141］王达．论美国影子银行体系的发展、运作、影响及监管［J］．国际金融研究，2012（1）：35-43.

［142］王凡一．从英国脱欧看欧盟内部经济的不稳定因素［J］．当代经济研究，2017（5）：91-96.

［143］王凤京．金融自由化及其相关理论综述［J］．当代财经，2007（6）：121-128.

［144］王金明．我国经济周期波动对通货膨胀的动态影响——基于合成指数的实证研究［J］．金融研究，2012（3）：57-67.

［145］王珏，李丛文．货币政策、影子银行及流动性"水床效应"［J］．金融经济学研究，2015，30（4）：17-31.

［146］王君斌，郭新强，王宇．中国货币政策的工具选取、宏观效应与规则设计［J］．金融研究，2013（8）：1-15.

［147］王梅婷，余航．影子银行演化与金融政策的互动效应［J］．经济学家，2018（9）：66-77.

［148］王铭利．影子银行、信贷传导与货币政策有效性——一个基于微观视角的研究［J］．中国软科学，2015（4）：173-182.

［149］王森，周茜茜．影子银行、信用创造与货币政策传导机制［J］．经济问题，2015（5）：48-52+68．

［150］王晓枫，申妍．影子银行影响中国经济发展了吗？［J］．财经问题研究，2014（4）：49-55．

［151］王亚楠．影子银行信用创造对货币政策的影响——基于 VAR 模型的实证分析［J］．经济与管理，2017，31（2）：63-67．

［152］王妍，王继红，刘立新．货币政策、影子银行周期性与系统金融风险［J］．上海经济研究，2019（9）：105-116．

［153］王增武．影子银行体系对我国货币供应量的影响［J］．中国金融，2010（23）：30-31．

［154］王振，曾辉．影子银行对货币政策影响的理论与实证分析［J］．国际金融研究，2014（12）：58-67．

［155］温信祥，苏乃芳．大资管、影子银行与货币政策传导［J］．金融研究，2018（10）：38-54．

［156］吴俊岭，陈钦．影子银行对货币政策的影响机制研究［J］．会计之友，2018（16）：94-100．

［157］吴智华，杨秀云．影子银行、金融稳定与货币政策［J］．当代财经，2018（9）：48-61．

［158］裘翔，周强龙．影子银行与货币政策传导［J］．经济研究，2014（5）：91-105．

［159］肖本华．货币政策与影子银行的风险承担［J］．新金融，2012（11）：25-30．

［160］肖崎，邓少慧．货币政策对影子银行风险承担的影响：基于我国上市影子银行机构的研究［J］．世界经济研究，2017（12）：29-37+133．

［161］肖崎，阮健浓．我国银行同业业务发展对货币政策和金融稳定的影响［J］．国际金融研究，2014（3）：65-73．

［162］徐长生，孙华欣．影子银行能缓解中小企业融资约束吗——从投资-

现金流敏感性的角度 [J]. 财会月刊, 2019 (14): 21-28.

[163] 徐超. 第三方支付体系: 兴起、宏观效应及国际监管 [J]. 经济问题, 2013 (12): 11-16.

[164] 徐滢, 周恩源. 影子银行体系金融不稳定性扩大机制与美联储货币政策研究 [J]. 上海金融, 2011 (7): 95-99.

[165] 徐云松. 货币政策、影子银行与银行流动性 [J]. 首都经济贸易大学学报, 2018, 20 (5): 18-27.

[166] 徐云松. 货币政策对影子银行和银行信贷影响的非对称效应研究 [J]. 新金融, 2017 (12): 17-25.

[167] 徐忠. 经济高质量发展阶段的中国货币调控方式转型 [J]. 金融研究, 2018 (4): 1-19.

[168] 徐忠. 中国稳健货币政策的实践经验与货币政策理论的国际前沿 [J]. 金融研究, 2017 (1): 1-21.

[169] 徐灼. 中国影子银行的顺周期性及政策影响 [J]. 上海金融, 2016 (2): 3-7.

[170] 许少强, 颜永嘉. 中国影子银行体系发展、利率传导与货币政策调控 [J]. 国际金融研究, 2015 (11): 58-68.

[171] 颜永嘉. 影子银行体系的微观机理和宏观效应—— 一个文献综述 [J]. 国际金融研究, 2014 (7): 46-53.

[172] 杨霞, 朱玲. 影子银行对货币政策调控体系影响的实证分析 [J]. 统计与决策, 2017 (14): 170-173.

[173] 姚军, 葛新峰. 我国影子银行的发展现状及其对信贷调控政策的影响 [J]. 金融纵横, 2011 (10): 11-14.

[174] 叶康涛, 祝继高. 银根紧缩与信贷资源配置 [J]. 管理世界, 2009 (1): 22-28.

[175] 叶思晖, 樊明太. 宏观审慎监管、货币政策和经济效果评价 [J]. 金融理论与实践, 2019 (11): 66-74.

［176］叶子荣，赵煜坚．影子银行信用创造功能对我国货币政策有效性的影响——"货币空转"说法的新回应［J］．兰州大学学报（社会科学版），2016（4）：109-118.

［177］易纲．货币政策回顾与展望［J］．中国金融，2018（3）：9-11.

［178］殷剑峰，王增武．影子银行与银行的影子［M］．北京：社会科学文献出版社，2013.

［179］于博．金融资源再配置与商业信用膨胀：路径、动因及政策效应分析［J］．当代财经，2016（9）：110-120.

［180］于建忠，刘海飞，宋素荣．中国影子银行的行为模型［J］．金融研究，2016（2）：163-171.

［181］于泽，钱智俊，方庆，等．数量管制、流动性错配和企业高额现金持有——来自上市公司的证据［J］．管理世界，2017（2）：67-84.

［182］袁增霆．中外影子银行体系的本质与监管［J］．中国金融，2011（1）：81-82.

［183］张嘉明，王垚，李宝伟，等．货币政策、利率市场化与影子银行：来自宏观和微观两个层面的经验证据［J］．金融经济学研究，2017，32（5）:3-16.

［184］张明．中国影子银行：界定、成因、风险与对策［J］．国际经济评论，2013（3）：82-92.

［185］张全兴，吴铮．影子银行的影响——以浙江省为例［J］．中国金融，2013（4）：59-61.

［186］张晓慧．货币政策的发展、挑战与前瞻［J］．中国金融，2015（19）：28-30.

［187］张晓慧．货币政策的回顾与展望［J］．中国金融，2017（3）：12-15.

［188］张勇，李政军，龚六堂．利率双轨制、金融改革与最优货币政策［J］．经济研究，2014（10）：19-32.

［189］赵胜民，何玉洁．影子银行对货币政策传导与房价的影响分析——兼论宏观审慎政策与货币政策协调［J］．经济科学，2018（1）：83-95.

[190] 赵蔚.“影子银行”对商业银行信贷配给的影响研究 [J]. 经济问题，2013（5）：45-48.

[191] 中国人民银行调查统计司与成都分行调查统计处联合课题组. 影子银行体系的内涵及外延 [J]. 金融发展评论，2012（8）：61-76.

[192] 周安. 银行竞争、影子银行与货币政策有效性分析 [J]. 中央财经大学学报，2019（11）：40-56.

[193] 周莉萍. 论影子银行体系国际监管的进展、不足、出路 [J]. 国际金融研究，2012（1）：44-53.

[194] 周莉萍. 影子银行体系的顺周期性：事实、原理及应对策略 [J]. 财贸经济，2013（30）：71-78.

[195] 周莉萍. 影子银行体系的信用创造：机制、效应和应对思路 [J]. 金融评论，2011（4）：37-53.

[196] 周启清，韩永楠，孙倩. 我国影子银行货币创造对通货膨胀的影响——基于我国经济数据的误差修正模型检验 [J]. 宏观经济研究，2016（2）：55-62.

[197] 周小川. 当前研究和完善货币政策传导机制需要关注的几个问题 [EB/OL]. 中国人民银行官网，www. pbc. gov. cn/hanglingdao/128697/128719/128766/2835231/index. html，2004-04-14.

[198] 周小川. 金融政策对金融危机的响应——宏观审慎政策框架的形成背景、内在逻辑和主要内容 [J]. 金融研究，2011（1）：1-14.

[199] 周小川. 新世纪以来中国货币政策的主要特点 [J]. 中国金融，2013（2）：9-14.

[200] 周月秋. 关于“货币漏出”与货币政策的思考 [J]. 金融论坛，2016，21（1）：3-15.

[201] 朱恩涛，张小雅，翁玉颖. 我国影子银行对货币政策有效性的影响分析 [J]. 会计之友，2016（7）：38-43.

[202] 朱方圆，赫国胜. 影子银行与货币政策的交互影响 [J]. 金融理论与

实践，2017（2）：38-41.

［203］朱孟楠，叶芳，赵茜，等．影子银行体系的监管问题——基于最优资本监管模型的分析［J］．国际金融研究，2012（7）：49-57.

［204］祝继高，胡诗阳，陆正飞．商业银行从事影子银行业务的影响因素与经济后果——基于影子银行体系资金融出方的实证研究［J］．金融研究，2016（1）：66-82.

［205］庄子罐，舒鹏，傅志明．影子银行与中国经济波动——基于 DSGE 模型的比较分析［J］．经济评论，2018（5）：3-16+59.

附录　OxMetrix 软件程序代码

主要程序代码模块如下:

```
/* ---------TVPVAR. ox-------------------- */
/*
**    MCMC estimation for Time-Varying Parameter VAR model
**    with stochastic volatility
**
**    tvpvar_ ex *. ox illustrates the MCMC estimation
**    using TVP-VAR class
**
*/
#include<oxstd. h>
#include<oxprob. h>
#include<oxfloat. h>
#include<oxdraw. h>
#include<TVPVAR. ox>   //TVP-VAR class
main ( )
{
  decl nlag, my, asvar, iyear, iperiod, ifreq;
  nlag=3;   //# of lag
```

```
/ * ---data load--- * /

my = loadmat ( " tvpvar_ ex. xls" ) ;     //data

/ * ---some options ( not required) --- * /

asvar = { " EC" ," M2" ," SB" ," GDP" ," CPI" } ;     //variable name

iyear = 2008 ;     //year of the first observation

iperiod = 02 ;     //period of the first observation

ifreq = 12 ;     //frequency of data

          // ( periods in each year)

               / * ---MCMC estimation--- * /

decl tvpvar = new TVPVAR ( ) ; //TVP-VAR class

tvpvar. SetRanseed ( 3 ) ;

tvpvar. SetData ( my, nlag) ;     //set data and lag

tvpvar. SetVarName ( asvar) ;     //set variable name ( * )

tvpvar. SetPeriod ( iyear, iperiod, ifreq) ;

                    //set initial period ( * )

tvpvar. SetFastImp ( 1 ) ;     //set fast computing of

                    //impulse response ( * )

tvpvar. MCMC ( 10000) ;     //MCMC estimation

tvpvar. DrawImp ( <4, 8, 12>, 1) ;     //draw impulse ( 1)

          //trajectories of ( 4, 8, 12) -period horizon

tvpvar. DrawImp ( <7, 45>, 0) ;     //draw impulse ( 2)

          //response at t = 30, 70, 100

  delete tvpvar;

}

/ *

** ( * ) : options, not required for estimation

* /
```

后 记

在本书写作过程中，多少个苦熬的日日夜夜，多少次陷入困境后的挣扎、痛苦与绝望，多少次克服困难后的激动与自豪，这一切在本书完成的这一刻不断浮现在眼前，这一切让我获得了蜕变，这是一笔无比宝贵的财富，背后离不开个人的努力与付出，更离不开老师的指导、同学的帮助、家人的关怀，在此我致以最诚挚的感谢！

感谢我的导师巴曙松教授和校内导师田秋生教授。巴老师为我们建立了优质的互联网学习平台，使分布在全国各地的同门能够有很好的学习环境；学术小组制度为我们每个人提供有关自己研究方向的学术指导与帮助。巴老师定期邀请金融领域专家为我们开展线上讲座，使我们不但对自己研究的方向有了更深刻的理解，而且使我们有机会更全面地学习整个金融领域的知识。巴老师所搭建的学习平台之优秀，督促与鞭策我们的方式之先进，指导与教育我们的思想之务实，让我们无不钦佩巴老师的专业与智慧。拜入巴老师门下，让我在收获专业知识的同时，也开阔了眼界，由衷地感谢巴老师的辛苦付出！田老师作为我的校内导师，对我的学习以及学校的大小事务一直给予关心与帮助，给我一种温暖的感觉，是中国好导师的典范，我发自内心地感谢田老师的关心与指导！

感谢尚航飞师兄、郑家伟师兄、曾智同门、王森师姐、左伟师兄、张博师兄，以及经济与贸易学院的王仁曾教授、张彩江教授、丁焕峰教授，你们提出的修改意见对于本书框架的完善与内容的丰富起到了至关重要的作用，感谢你们！

感谢我的家人在背后的默默关心与支持，你们是我前进的基础与动力，如果没有你们，我无法想象自己将如何完成如此具有挑战性的工作。

最后，再次由衷地感谢所有关心、支持、帮助和指导过我的老师、同学及家人！感君恩泽，难以言表，永铭于心！